中原名师出版工程
ZHONGYUAN MINGSHI CHUBAN GONGCHENG
教育思想与实践系列

孩子，你自己来

低年级学生自主教育策略探究

徐艳霞 著

中原出版传媒集团
中原传媒股份公司
大象出版社
·郑州·

图书在版编目(CIP)数据

孩子，你自己来：低年级学生自主教育策略探究 / 徐艳霞著.— 郑州：大象出版社，2018. 9
(中原名师出版工程)
ISBN 978-7-5347-9917-4

Ⅰ. ①孩… Ⅱ. ①徐… Ⅲ. ①小学教育—研究 Ⅳ. ①G62

中国版本图书馆 CIP 数据核字(2018)第 197515 号

孩子，你自己来

——低年级学生自主教育策略探究

徐艳霞 著

出版人 王刘纯
责任编辑 张 欣
责任校对 钟 骄

出版发行 大象出版社(郑州市开元路 16 号 邮政编码 450044)
发行科 0371-63863551 总编室 0371-65597936
网 址 www.daxiang.cn
印 刷 新乡市豫北印务有限公司
经 销 各地新华书店经销
开 本 787mm×1092mm 1/16
印 张 14
字 数 187 千字
版 次 2018 年 9 月第 1 版 2018 年 9 月第 1 次印刷
定 价 35.00 元
若发现印、装质量问题，影响阅读，请与承印厂联系调换。
印厂地址 新乡县翟坡镇兴宁村
邮政编码 453000 电话 0373-5635065

总 序

对于一个优秀教师来说，将自己对教育教学的思考在写作中表达出来，是非常自然的一件事。正如玛格丽特·杜拉斯在《写作》中说的："写作像风一样吹过来，赤裸裸的，它是墨水，是笔头的东西，它和生活中的其他东西不一样，仅此而已，除了生活以外。"杜拉斯把自己的写作区别于日常生活中具体的事物，而将其看作生活本身。我十分认同这样的说法。从许多优秀教师的成长经历来看，教育写作就是教育生活本身。当我们学会了把教育生活中的各种场景纳入自己的视野，融入自己的思考，通过写作诚实地记录下来，我们就找到了一条属于自己的专业发展之路。

正是看到了教育写作在教师专业发展中的重要意义，河南省教育厅与浙江师范大学启动了"中原名师教育写作出版计划"。河南是我国的教育大省，有一大批非常优秀的教师逐渐崭露头角，而"中原名师"是其中的佼佼者，他们在各自的学校和不同的教育教学领域取得了一定的成绩，及时总结、提炼、展示、推广他们的研究成果非常必要。我和张文质老师被聘请为"中原名师教育写作出版计划"的首席写作导师，肩负指导"中原名师"写作、出版教育教学专著的重任。这可能也是目前国内唯一旨在帮助优秀教师实现教育教学专著出版的省级培训项目，开辟了教师培训内容与形式的崭新领域，具有开创性意义。经过近两年的艰苦努力，目前这项计划终于迎来了阶段性成果：弯丽君等第一批 9 位"中原名师"的 12 本教育教学专著即将正式出版。从书稿情况来看，选题、内容可谓多样：既有学科教学方面的，也有班级管理方面的；既有比较严谨的学术论著，也有可读性较强的教育教学随笔；既有义务教育阶段的，也有幼儿、高中阶段的。另外，还有计划第二批出版的书稿正在整理之中。

捧读这些沉甸甸的书稿，我心中充满感慨。

我想到了每一位作者的面庞，看到了那些闪亮的眼神。大家都非常清楚，对于一个渴望成长、追求专业发展的教师来说，教育写作是自我提高的一条基本路径。教育写作能清晰地记录一个教师专业成长的轨迹。教师可以在写作的过程中不断审视、反思自我，不断积累、总结与提炼，无论是初尝成功的经验，还是尝试摸索中的所谓教训，都是十分宝贵的财富。苏霍姆林斯基曾鼓励教师每天都写教育日记（也就是我们常说的“教育叙事”），认为这样的写作具有重大价值：“凡是引起你的注意的，甚至引起你一些模糊的猜想的每一个事实，你都把它记入记事簿里。积累事实，善于从具体事物中看出共性的东西——这是一种智力基础，有了这个基础，就必然会有那么一个时刻，你会顿然醒悟，那长久躲闪着你的真理的实质，会突然在你面前打开。”这些“中原名师”正是通过写作将自己日常教育教学的点点滴滴慢慢积累起来的，而实施“中原名师教育写作出版计划”就是为了帮助他们打开真理之门。

我还想到了每本书稿选题的艰难，想到了那些为了确立书稿选题所经历的热烈讨论，既有面对面的沟通，也有无数次邮件、短信与电话往来。由于每一位作者所在的区域不同，所教学段、学科不同，研究基础、研究方向也各不一样，如何将那些最有价值的研究成果梳理、提炼出来，并形成相对集中的研究主题以专著的形式呈现，是我和张文质老师以及每一位作者需要面对的挑战。沟通、选择的过程非常重要，也非常辛苦。这主要是由于各位作者在实践层面的经验、成果内容非常多样造成的：往往一个教师提供的同一本书稿，在内容上既有学科教学方面的，也有班级管理方面的，甚至还有其他学科领域的，这固然反映了一线教师工作繁杂多面的实际情况，但对于专著出版来说，主题不够突出无疑是大忌，也会遮蔽那些更有价值、更值得推广的内容。经过半年多的反复讨论，第一批“中原名师”作者如弯丽君、李阿慧、徐艳霞、李桂荣、孟红梅等老师，首先确定了选题，开启了教育写作之路；而另一批作者如刘忠伟老师则更改了选题，另起炉灶，毅然开启了新的写作计划，这其中的勇气也让人深为佩服。

当然，我也想到了每一位作者所经历的艰苦的写作过程。由于绝大多数老师积累的文稿是基于实践经验，致使有些内容在学理上存在问题，论述、论据都不够严谨，容易引起歧义；也有些内容所呈现的研究过程与研究成果不够完整，材料繁杂、枝蔓较多，如何去芜存菁留下最有价值的东西，如何修改、完善那些不够成熟的地方，也是摆在每一位作者面前的挑战。值得指出的是，对文稿不断修改、完善的过程虽然艰苦，但其实是非常宝贵的研究经历——看似是教育写作的过程，其实又是学术研究的过程，写作本身成为思维与学术的双重训练，成为提炼教育教学理念、凸显教育教学风格的基本路径。如韩秀清、董文华、王海东、李桂荣等几位老师，正是经历了这样的写作和研究过程，他们最终创作出很有价值的作品。如果说在专著出版之前，这些老师的教育教学风格还不够鲜明，尚未在更大的范围内得到认可，那么我相信，专著的公开出版，将有力地促进他们教育教学成果以及个人教育教学风格的传播与推广，塑造“中原名师”更加美好、专业的形象，成为河南教师乃至全国教师的偶像。而这，也是浙江师范大学继续教育学院与河南省教育厅决定实施该项教育写作出版计划的重要目的之一。

对于各位作者而言，他们没有辜负岁月，岁月也没有辜负他们。

对于导师而言，能够参与这个项目，帮助各位作者，是充满欣慰的，甚至超过了自己出书时的喜悦。

感谢各位读者，如果您翻开这些书，您会看到有那么一些人，是如何执拗地表达着对岁月和信仰的敬意。

闫　学

2018 年 8 月 18 日于杭州

代 序

教育的使命是什么？我认为，只有懂得了“教育即生长”的道理，我们才能清楚教育的使命。

河南省实验学校郑东小学（以下简称“郑东小学”）拥有适合学生成长的宽松、开放且富有活力的教育生态和育人环境，而徐艳霞老师正是这里的一位钟情于儿童自主教育的小学名师。

2009 年，针对有些小学生独立空间少、探究能力弱和责任心不强等现象，郑东小学确立了自主教育的改革目标，围绕教师、学生、课堂三个中心点，倡导学生自我教育，推行班级自主管理，构建自主课堂教学文化，鼓励学生自主合作、探究创新，努力培养“基础牢，能力强，言行美，有特长，具有包容多元文化的胸怀和国际视野”的优秀学生。

对教育理论的清醒认识和教育实践中的坚定脚步，使郑东小学的教育观、教师观、学生观得到了全面的更新。

在这里，每一个学生都是一粒有生命力的种子，都是一个独特的个体，有充裕的时间去体验和沉思，能自由地发展自己的心智和能力，都可以茁壮地成长。“自己的事情自己做”“集体的事情人人做”“什么时间干什么事”……这是学生自主成长的行动口号。尊重每一个学生的参与权，努力发现学生的潜能，唤醒学生的主动学习意识，使学生积极参与各种活动，大胆表现，这是徐艳霞老师和她的同事们的共识。

十几年来，郑东小学的自主教育取得了累累硕果：探索出一套自主教育策略，提炼出“突出自主、强调激励、着力内化”三大指导思想，推出一系列研究成果。尤其是郑东小学的毕业生潜力大，能力强，赢得了社会各界的好评。《中国教育报》《河南日报》及河南省广播电台、电视台先后报道了郑东小学的办学成果。

儿童心理学家、儿童教育家陈鹤琴认为，幼稚时期（从出生到 7 岁）是人生最重要的一个时期，它将决定儿童的人格和性格。人一生的习惯、知识技能、言语、思想、态度等都要在此时期打下基础。这个时期是发展智能、学习言语的最快时期，是道德习惯养成的最易时期。

在这本书中，徐艳霞老师从自我教育、自主管理、自主服务、自主学习、自主选择和主题活动六个维度，讲述了一系列促进低年级学生自主成长的教育故事，围绕学生在当前学习、生活方面值得反思的教育现象，解读培养学生良好习惯、责任心、爱心和批判性思维等的教育策略，分享鼓励学生自主发展的教育智慧，以此印证了一个至真至简的教育真理：最好的教育就是激发学生自主成长的教育。

书中的故事源于真实生活，事例典型，生动有趣。通过这些故事，我们可以触摸到自主教育的"郑东模式"，就是将学生放在学校发展的中心，时时、事事唤醒学生的主体意识和行动自觉性，激励学生从小学会自立、自律、自尊、自强，帮助学生锻炼能力、健全人格。"把时间给你，把话筒给你，把舞台给你，把机会给你……"这样的教育，是春风，是夏雨，是滋润儿童自主生长的雨露，是照耀儿童幸福生活的阳光。

透过这些文字，我读懂了徐艳霞老师的教育情怀。她以沉甸甸的责任感热爱着每一个学生，用自己的智慧为学生的茁壮成长而辛勤地耕耘着、播撒着、收获着、记录着……这种情怀的核心与出发点，就是她对学生发自内心的尊重，就是她陪伴学生成长时放慢的脚步，就是她致力于让每一个学生遇见最美的自己的那种坚持。同时，我也被徐艳霞老师字里行间流露出的一种朴素思想所感动：教书育人，一定要以"保卫童年"的敬畏感来促进每一个学生的生命成长，相信他们能行，激发他们"我自己来"的自主意识和自信心，时时、事事鼓励他们做好自己的事情，敢于挑战自我，不断成为最好的自己。

"三岁看大，七岁看老。"这句话足可以说明儿童教育的重要性。因此，父母和学校低年级教师责任重大，他们是塑造孩子良好的习惯和品德的重要他人。

作为教师，我们陪伴不了学生一辈子，但希望学生一辈子都能幸福、快乐、有尊严地生活。那就接受徐艳霞老师的建议吧，从细节着手锻炼学生的自理能力，使他们遵守规则，富有爱心，学会尊重，懂得谦让，承担责任，主动反思，善于合作，自信表达，热衷环保……爱学生，就让他们学会吃苦吧；爱学生，就让他们爱上阅读吧；爱学生，就放手让他们自己学着长大吧。学生一旦拥有了自主能力和精神财富，就会成为学习和生活的主人。我们就可以放心地站在他们的身后，看着他们健康地成长在当下，自信地走向诗与远方。

“教天地人事，育生命自觉。”这是教育的真谛。

因为，一切学习，最终都是终身学习；一切教育，最终都是自主教育。

郑东小学校长

2018 年 5 月 11 日

目录

目录

第一章 自我教育，小事情大修养

在未来的世界里，有修养、有品位的人肯定最受人尊敬和欢迎。自主教育的核心理念是唤醒学生强烈的主体意识，充分发挥学生的主体作用，让学生成为教育的主体，在生活、学习中养成自我教育的习惯。自我教育是形成良好习惯、孕育文明修养的途径。因此，激发学生的自我教育意识，使他们从小养成良好的生活习惯和学习习惯，将促进学生的自主成长和终身发展，其意义非常深远。

好习惯的养成，需要持之以恒、坚持不懈。如果学生从小就学会了照顾自己，细心做事，静心倾听，喜欢阅读，热爱锻炼，妥善管理时间……那这张纯净的白纸上，就一定会描绘出生机勃勃的美妙风景，就一定能走出一个自立、自信的阳光少年！

小闹钟，小伙伴

“你又迟到了。”在教室门口，我终于等来了周志洋。

“我在宿舍打扫卫生来着。”他委屈地说。

“现在是什么时间？阅读时段！我们应该做什么？”

他依然是一脸无辜的样子。

“打扫卫生”这件事情本身没有错，关键是时间不对。在阅读时段，学生就应该坐在教室里安静地读书了。如果做的事情总是与时间不合拍，学习和生活肯定会变得一团糟。

在低年级学生身上，上述“乱套”事件时有发生：上课铃响了，想去洗手间；午餐时间快结束了，才跑来吃饭；阅读时段到了，才从宿舍出来……这些见怪不怪的小事，竟引起了不可小觑的连锁反应：上课时去洗手间，耽误了学习，也影响了其他同学；进餐厅晚了，饭菜凉了，匆匆吃完，导致肠胃不舒服；非打扫卫生时段打扫卫生，没有生活老师和同学的督促，索性说说笑笑、打打闹闹，耽误了午后的学习。真是“一步赶不上，步步赶不上”。这些“不合拍”的问题，每天都会出现。如果不想办法妥善解决，时间久了，这些学生可能就会患上拖延症。

究其原因，就是因为低年级学生的自控能力相对较弱，做事拖沓，没有时间观念，不会合理地安排时间。例如，穿衣、洗漱或者完成家庭作业，10 分钟能完成的事情，他们边做边玩，能拖到半个小时。针对这一现象，我仔细查阅了相关资料，决定利用小闹钟来使学生学会管理时间。

班会课上，我请学生交流了四个问题：“每天是爸爸妈妈叫你起床，还是你自己起床？你觉得哪种方式合适？”“吃饭时间，你会边吃边做其他事情吗？合适吗？”“你的爸爸妈妈是否经常叫你‘快点、快点’？”“用什么办法可以改掉拖拉的毛病？”以此引导学生懂得：做事要有时间观念，自己的事情要自己操心，在什么时间做什么事。

对于最后一个问题，许多学生想到了运用钟表这种计时工具来改掉拖拉的毛病。

我对学生说："小闹钟不仅能告诉我们时间，还能帮助我们管理好时间，养成利落做事的好习惯。从今天开始，大家就和小闹钟交朋友吧，这个小伙伴会分秒不差地督促你不迟到、不拖拉!"

"老师，怎么跟小闹钟交朋友呢?"有学生好奇地问。

我趁机导入正题："现在，我们分组来认识钟表，从学会认时间、定闹钟开始吧。"

有些学生已有这方面的生活经验，就主动来当"小老师"，一个教三个，三个带一组。一节课下来，大部分学生都认识了钟面上的整点和半点，熟悉了钟表的功能，并初步建立了时间观念：早读、课间都是 10 分钟，阅读时段是 20 分钟；下午一点开始午休，晚上九点半之前要洗漱完毕准备睡觉……

为了帮助学生增强时间观念，我还专门设计了一项亲子家庭实践作业：邀请父母和自己一起讨论，制订一日作息时间表，并坚持按照时间表来管理自己的时间，拜托父母监督和记录执行情况；跟父母学习如何用闹钟定时，学会管理时间，使自己自觉提高做事的效率。以此，倡导家长多参与、多陪伴、多见证孩子的点滴成长，不断增强孩子在生活和学习中的热情、成就感。

家长在客厅和孩子卧室里最醒目的地方，都挂上钟表。孩子把自己的一日作息时间表张贴上墙，无论做什么事情都按计划来，几乎不用督促。"偶尔哪天事多了，我们就一起讨论如何调整。孩子和小闹钟交上了朋友，生活作息变得有规律了，真是让人省了不少心哪!"家长高兴地反馈说。

我也欣喜地发现：早读时分，教室里书声琅琅，两三个值日生在安静地浇花、拖地，小组长在收缴、整理作业本……人人各司其职，井然有序。下课了，学生之间互相提醒："喝水了吗?""去洗手间吗?"餐厅里，大家个个很安静，专心品尝美味的饭菜。午休时刻，学生静静地躺在床上，闭目养神，悄然入睡，校园里一片静谧。值日时，小组长看着钟表督促组员们说："还有1分钟，请马上收拾、离开。"晚上，不用别人提醒，学生主动洗漱，脱衣睡觉。

墙上的钟表"嘀嗒嘀嗒"地轻唱着，开心地见证着这美好的一切。

每天照照镜子

清晨的阳光洒满校园，空气中散发着新鲜、暖融融的气息。

"老师，您早!"可爱的学生一一热情地向我挥手问好，然后蹦蹦跳跳地进了教室。

司一聪走到门口时，突然停下来，摸摸自己的胸前，自言自语地说："妈呀！我的红领巾呢？今天有升旗仪式，我怎么会忘戴了呢……"

"孩子，以后要提前做好准备，上学前好好检查检查。"我俯下身，不慌不忙地提醒，"今天先找同学帮帮忙吧。以后出门前一定要先照照镜子，看看自己的扣子是否扣好、红领巾是否系好。"

司一聪感激地朝我点了点头。

升旗仪式后，我针对每天总有一些学生忘戴红领巾、混搭校服的事情做了主题动员："我希望自己以最好的状态迎接大家，所以每天早上，我都会特意照照镜子，仔细看看自己的发型和妆容，尤其会认真检查自己的服装。请问，今天你出门前照镜子了吗？你的穿戴整齐吗?"学生顿时议论纷纷，不由得互相审视彼此的衣着是否规范。

每天保持得体的衣着，不忘展示最好的自己，这不仅能体现一个人的修养，也可以增强自信心，更能表达出对他人的尊重。因此，我倡议学生每天上学前养成照照镜子的习惯，检查自己的着装是否干净、得体，每一颗扣子是否扣好，红领巾是否系好，要让自己每一天都显得特别有精神！尤其是周一升旗日和周五校服日，一定要穿好校服，穿出我们的精气神。

身教胜过言教。每天，我都会将自己收拾得清清爽爽，早早地来到教室，满面春风地迎接每一个学生——“看看徐老师今天是不是很精神?”“你的小脸洗得真干净!”“你的红领巾系得真漂亮!”“你的衬衣领子真平整!”崭新的一天就这样愉快地开始了！我也提醒家长给予积极配合，希望家长坚持每天注意自己的形象，尤其是参加家长会、音乐会等公众场合活动，出门前一定要好好照照镜子，在讲礼仪、讲卫生、展示良好修养等方面为孩子树立榜样。

为了帮助学生时刻保持良好的形象，做好平时的自我监督和及时调整，学校在洗手间、宿舍楼梯口和教师办公室都安装了明亮的大镜子。果然，许多教师和学生一到镜子前面，就自觉地放低声音，注意自己的言行，停下脚步，整理自己的头发和衣着，然后满意地朝镜子里的自己笑一笑，信心十足。真神奇，小小镜子竟有这么大的魔力!

因此，我提议家长不妨也试试此办法，家里最好安装一面穿衣镜，以提醒孩子每天自觉地照照镜子，随时检查自己的仪表，从细微之处用心整理，养成规范着装的良好习惯。

每周一升旗仪式前、周五校服日时，各小组长一一检查本组成员的衣着、卫生情况。凡是校服整洁、手脸干净的学生，都可以得到一朵小红花作为奖励。

一段时间后，忘戴红领巾的学生少了，混搭校服的学生少了，校服穿戴整齐的学生多了，仪表整洁的学生也多了，走路昂首挺胸的学生多了!

之所以倡议每天照照镜子，初衷就是引导大家注重生活细节，停下匆匆的脚步，关注自身的形象，让自己变得更好，使自己的心灵不断成长，时时刻刻充满自信地展示自己。我希望阳光、自信、朝气蓬勃这些美好的词语，成为每一个学生的气质标签，希望人人都是学校的形象代言人!

从自觉排队开始

过路口、做游戏、课堂学习、餐厅就餐、宿舍午休、进出校门……事事都要有相应的规则。学会讲规则，是小学生必不可少的习惯养成课。

我就从自觉排队开始，教育学生上下楼梯时要注意安全，自觉遵守以下规则：上下楼梯靠右行，保持安静不说话，懂得避让不拥挤，公共场合讲秩序。全班学生个个对此烂熟于心。

为了帮助学生养成自觉排队的习惯，我以身作则，无论是带领学生上下楼梯，还是平时自己上下楼梯，始终坚持靠右行、保持安静。偶尔在楼梯上遇到一些学生靠左走、扎堆儿走或奔跑的现象，我总会立即予以提醒。

我校有 2700 多名学生，每次参加升旗仪式和课间操时，全校师生同时上下楼梯，危险系数非常高。尤其是一年级的“小不点儿”和四年级的大孩子共用一个楼梯行进，总是让我放心不下。有些四年级的学生一到楼梯口就想往前蹿，有几次差点儿将一年级的队伍挤散了。

我们班的小班长委屈地问我：“老师，您不是说上下楼梯时要‘大让小’吗？为什么有些大哥哥、大姐姐上下楼梯的时候不让着我们呢？”

我摸摸他的头，反问道：“你觉得他们这样做对吗？”

“不排队，肯定不对。”小班长斩钉截铁地说。

“既然不对，我们就不要像他们一样。”

班会时间，我跟学生讲了在楼梯上拥挤的危害，列举了一些因人多抢道而发生的踩踏事件。最后，我问大家：“如果遇到楼梯人多拥挤的时候，我们低年级的小朋友应该怎么办呢？”学生都陷入了沉思。良久，小班长站起来说：“我们就让到一边吧。”许多学生响亮地回应：“好！”

第二天的课间操时间，这些学生就开始自觉礼让了。一看四年级的队伍要上楼了，他们就靠边“放行”，然后列队靠右侧上楼。我竖起大拇指，由衷地称赞道：“老师真佩服你们，因为你们的这种谦让精神实在可嘉。”学生都露出了会心的微笑。渐渐地，四年级的学生也不再挤了，开始自觉遵守上下楼梯的规则了。

自觉遵守规则不仅是一种积极的行为，更是一种学习和生活的境界，是一种文明优雅的人生态度。我们尊重学生，但不能放纵学生。只有在规则的约束之下，学生方可张扬个性、自由生长。我们要从自觉排队开始，教会学生不要拥挤，在打饭、去卫生间等时候学会谦让，学会耐心等待，主动遵守社会规则，不断增强规则意识，从而将其内化为行动自觉。

一次散学典礼活动中，豆大的雨点突然从天而降。大队辅导员果断指挥：“各班收拢队形，依次退场！请就近到餐厅、音乐楼、长廊下避雨！排好队，不要拥挤！体育老师到楼梯口护导！”面对这场突击考验，全校师生没有喊叫，没有慌乱，没有拥挤！不到三分钟，全部紧急、安全撤离！当时，许多家长在教学楼上目睹了这一情景，感慨地说：“郑东小学的老师和学生，遇事不惊慌，坚持有序撤离，反应真快，习惯真好！”

其实不仅仅是排队，从学生着装到学习，时时处处都蕴藏着养成教育的契机。每周一的升旗仪式，每周五的校服日，要求学生统一着装，朝气蓬勃；写字时，要求学生一笔一画，认真、工整地写好每一个汉字；与同学相处时，鼓励学生学会宽容；等等。从细节着眼，从一件件具体的小事入手，规范其行为，提高其认识，说了算，定了干，始终如一，日积月累，自然绳锯木断、水滴石穿。

教育就是为了培养学生养成良好的习惯。习惯成，品质优，学生终生都受益。这比我们教学生更多的知识，对于他们今后持续发展的意义更深远、影响更大。

我的课本，我的作品

新学期，新憧憬。

马上要开学了，我也像学生一样兴奋不已。开学前一天的一大早，我就赶到了学校，撸起袖子打扫教室的卫生，将每一张书桌都擦得干干净净，然后将一本本新书轻轻地、端端正正地摆放在每张书桌上。我一边干活，一边想象着学生拿到新书时高兴的样子。

第二天清晨，学生陆陆续续地“回家”了。果然，他们一看到书桌上的新书，就立刻将书捧在手里，从语文书、数学书到英语书，迫不及待地将每一本都从第一页翻到最后一页，脸上满是新奇、陶醉的神情。

“孩子们，拿到了新书，我们该怎样爱护它们呢?”我问。

“为新书包上书皮。”学生响亮地应声回答。

包书皮，看似是一件小事，却是引导学生养成良好学习习惯的开始。因此，从学生一年级入学开始，我们就有了这样一个约定：领到新书后，一定要为它穿上新“衣服”。

这时，语文科代表张家莹站了起来，笑眯眯地说：“徐老师，昨天我就用自己的零用钱买好了书皮，今天一拿到新书我就要为它们穿上新‘衣服’!”她边说边把书皮掏了出来。

好几个学生也自豪地拿出新买的书皮向我展示，我一一向他们竖起了大拇指，开心地说：“明天，徐老师将给每一本穿上新‘衣服’的课本盖上一枚‘拇指’印章。”

第三天，大家纷纷举起自己的书，等待我的“检阅”。瞧，现在学生的书颜色各异，漂亮极了。我郑重地一一接过学生的新书，小心翼翼地打开扉页，工工整整地盖上红红的、清晰的“拇指”印章。这枚印章，是对学生爱护课本好习惯的认可，也是对他们认真开启新学期学习生活的奖励。

为了进一步鼓励学生善待书本、敬畏知识，我提出了更高的要求："孩子们，课本是我们的好朋友，给新书穿上新'衣服'是一种好习惯，更是对新学期认真学习的一种承诺。良好的开端是成功的一半。接下来，我们要把课本当作自己的作品一样去对待。"

"作品？怎么对待？"学生异口同声地问。

"把课本当作作品，就是课本用到期末的时候，依然没有破损，没有卷角，没有被乱涂乱画，上面写的每一个字都很认真，课堂笔记、阅读批注也很工整。这些都做到了，你就拥有了这个学期最美的作品。"我郑重地宣布了比赛规则。

期末时，我们如约组织了隆重的"最美作品"评选活动，学生将自己的课本端放在课桌左上角，静待审核。我认真地捧起每个学生的课本，仔细地翻阅每一页内容，从课前预习、课堂笔记、课后习题订错、课本整洁度等方面一一查验，并将学生课本上的出色之处拍下来，制作成课件以"图说"的方式让其他学生欣赏、学习。最后，在被选为"最美作品"的课本封底郑重地盖上一枚"拇指"印章。

这前后两枚印章，意味着学生身上已经具有了一种宝贵的品质——善始善终，懂得坚持。爱护书本，事小意义大，足以让学生在不经意间对书籍和知识产生敬畏感，端正学习的态度，养成良好的学习习惯。

每当看到学生完好无损的课本、工整认真的字迹时，我就仿佛看到了他们专心听讲、安静阅读、用心书写的样子。那一本本似新书般的课本已然成了学生最有代表性的作品。这一份份沉甸甸的作品背后，是一种认真做事的态度，是一种严谨做事的习惯，是一种坚持做事的品质。这样的态度、这样的习惯、这样的品质，不仅能够伴随学生顺利地度过六年的小学生活，而且对其一生来说，何尝不是一笔宝贵的精神财富呢！

舌尖上的优雅

今天的午餐丰富极了，油焖大虾、蒜蓉青菜、紫菜蛋花汤、羊肉烩面，色香味俱全，让人胃口大开、心情愉悦。

“不要挤!”一阵吵闹声从打饭窗口传来。我们班的生活委员刘怡珊红着眼眶，急得要哭了，我赶忙过去询问。“老师，有些同学不吃青菜，都挤着来要大虾。我提醒，他们还不听。”她的话里流露出气愤。

最近生活老师也反映：就餐时，有些学生说话声音大；许多学生不吃青菜，遇到喜欢的荤菜就猛吃，偏食、浪费现象严重；个别学生不注意形象，吃饭时将脚踩在座位上，姿势不雅；就餐结束后，满桌子都是食物残渣，一片狼藉；送餐具时，有的直接将餐具扔到储物箱里，动静过大。以上问题，不容忽视。

针对这些现象，单靠教师简单地说教是远远不够的，没有学生自身的约束力发挥作用，是不能从根本上解决问题的。

苏霍姆林斯基说：“儿童的心灵是敏感的，它是为着接受一切好的东西而敞开的。如果教师诱导儿童学习好榜样，鼓励仿效一切好的行为，那么，儿童身上的所有缺点就会没有痛苦和创伤地、不觉得难受地逐渐消失。”是的，榜样的力量是无穷的。因此，保持安静的就餐氛围，学会文明、优雅地就餐，应该从班主任、生活老师和家长开始，让学生在正面的影响下潜移默化地养成良好的就餐习惯。

在班级主题活动中，我们制作了“文明就餐，光盘行动”巨型横幅，向全班师生和家长发出了“安静、轻缓、干净”的倡议。随后，教师和家长率先在横幅上签字，接着每一个学生依次签下自己的名字，有力地表达了我们坚定的信心。

一开始，在就餐时我和生活老师轮流到各餐桌陪同学生就餐，接着鼓励学生积极报名做餐桌长，负责监督整张餐桌的秩序，及时制止说话多、声音大的学生，提醒大家就餐时不吧唧嘴、不跷腿，注意自身的形象，饭后自觉收拾餐具并整理桌面。学生在这个过程中，体会到了管理的辛苦和文明就餐的好处，也在无形中增强了自我约束的意识。

餐厅里安装了分贝仪。为了降低说话声音的分贝，学生还想出了简单易操作的手势语言，如拳头代表馒头，一根手指代表荤菜，两根手指代表素菜，手心代表汤，手背代表米饭。就餐时，一位餐桌长要去添菜，不自觉地大声喊出“谁还要——”，旁边的学生立即将食指放在嘴边朝他“嘘”了一声。餐桌长不好意思地捂住了自己的嘴巴，然后轻声询问大家要不要添菜。看到这般情景，我不由竖起大拇指给予表扬。

一天、两天，略有起色；五天、七天，卓有成效。坚持就是胜利，餐厅分贝仪上的数字由原来的100以上，逐渐降到了80以下。打饭窗口前的队伍整整齐齐，学生的就餐举止越来越优雅。尤其是就餐完毕后，值日生主动将公共餐盆里的干净米饭回收，整理和送回餐具时轻拿轻放，张张餐桌上都干干净净。想想看，每天午餐时刻，师生围坐于餐桌前，安静有序地共享美味，是不是很温馨？

舌尖上的优雅，不只是味蕾和心灵撞击产生的美丽，更是一个人平和心态与文明修养的反映。

自己的书包自己背

早上，许多家长一手拎着书包，一手拉着孩子，一直过了校门口的黄线才将书包给孩子背上。看到这一幕，我暗暗地想：怎样才能让这些学生养成“自己的书包自己背”的习惯呢？

我想起了我儿子上大班时独自去幼儿园的情景。幼儿园和我所在的学校只有一墙之隔，我每天就站在学校的四楼目送他去上学。

“儿子再见!”

“妈妈再见!”儿子背着自己的小书包，转身高高兴兴地去幼儿园了。

我远远地注视着他，望着他走出学校的大门，走过围墙，进了幼儿园的大门。更让我骄傲的是，他进教室之前，总不忘冲着楼上的我挥挥手，意思是说：“别看了，我已经到了!”

“丁零零——”不知不觉中，幼儿园放学的时间到了。一群“小不点儿”从教室里跑出来，其中有只小手冲着楼上的我得意地挥着，然后在我的注视下蹦蹦跳跳地出了幼儿园的门，绕过围墙，向我飞奔而来。

当时，他才五岁，就执意自己去幼儿园，坚决不让我接送。现在想来，我依然觉得这个小男子汉真不简单。

真是应了“懒娘勤孩儿”这句话，儿子渐渐地学会了自己整理玩具，自己下楼去买馒头，自己坐公交车……有时候，我也担心他的安全问题，但是依然坚持放手。因为，未来的路还很长，需要儿子自己去走，我陪不了他一辈子。

我把儿子的故事讲给我的学生和家长，并特别强调：学生要自己背着书包来上学，家长不能超过校门口的黄线，这是规则；校门前，学生一定要记得回头，跟家长道一声“再见”，来感激家长的护送和关心，这是最起码的教养。

为了帮助新入学的学生尽快适应学校的生活，能够自己进学校，不再哭闹着纠缠家长，我编了几句歌谣：“自己书包自己背，门口黄线说再见。高高兴兴进校园，我是独立好少年。”歌谣通俗易懂，朗朗上口，学生摇着脑袋读，拍着巴掌背，入脑入心，兴趣盎然。

我趁热打铁地引导学生思考：早上醒来，要不要等着妈妈送来衣服，再帮自己穿上？完成家庭作业后，书桌和书包谁来收拾？有没有定期收拾自己的图书和玩具？做过哪些家务？……

学生对以上问题很感兴趣，小手高举，抢着发言。尤其是对“做过哪些家务”这个问题，更是表现积极，不甘落后。

“我帮妈妈倒过垃圾!”

“我帮爸爸擦过餐桌!”

“我帮妈妈洗过碗!”

“我帮奶奶捶过背!”

……

学生一律顺着“帮”字畅谈起来，个个很自豪。

“孩子们，倒垃圾、擦桌子、洗碗和给老人捶背等小事，我们应该主动做，说成‘帮’家长做什么事合适吗?”我适时提醒道。

最后，我们达成了共识：自己的事情自己做！洗红领巾、整理书包等都属于自己的事情，同时应该少让家长操心，遇到困难自己想办法解决。另外，作为家庭的一员，要主动承担力所能及的家务。

后来，我在校门口惊喜地发现：走到黄线处，家长和学生都自觉停步，学生主动转身向家长挥手说“再见”，自己背着书包进学校……这成了校门口一道温暖的风景，秩序井然，其乐融融。

我们陪伴不了学生一辈子，就帮助学生学会一辈子受用的东西吧。我建议就从“自己的事情自己做”这方面开始培养，多给他们吃苦、流汗、克服困难的锻炼机会，敢于放手，相信他们能行，少说“不舍得”。因为能照顾自己、有独立意识、有教养、敢担当的孩子，长大后才会有出息。

这都不是事儿

路小轩入学已经近一个月了。

一天下楼做操时，我发现他的两根鞋带像上下翻飞的面条，甩来甩去，万一不小心踩住了，准会摔倒。我急忙把他拉住，告诉他鞋带开了，让他赶快系好。谁知，他竟把脚往我面前一伸，不客气地说：“老师，我不会，您帮我系吧。”我哭笑不得，只得弯腰代劳。系完后，他蹦跳着走了。下午放学时，我发现他的鞋带又开了，一步一甩，只得再次把他拉到一旁帮他系好。

第二天，我发现路小轩换了一双没有鞋带的鞋子，便问他为什么换了鞋，他不好意思地说："老师，我以后不穿系鞋带的鞋了，不能总是麻烦您。"唉，真是因噎废食！

课间时，许多男生总爱跑闹。我仔细一看，有些学生的鞋带也是散开的。我叫住他们："把鞋带系好了再玩。"只见肖志伟蹲下身，笨拙地把两根鞋带绕来绕去，系是系在了一起，可没走两步又开了。赵睿铎干脆说："不系了，反正一会儿又松了。"

针对这个问题，我专门在班里开展了一次调查，结果发现不会系鞋带的学生竟达三分之一，以男生居多。我决定给这些学生补上这节生活课："同学们，这周双休日的作业是学会系鞋带！跟家长学，跟小伙伴学，都可以。下周五我们要举行一次系鞋带达标测试活动，人人都要过关，看看谁系得快、系得牢。"同时，我提醒所有家长，一定要腾出时间，帮助孩子学会系鞋带，锻炼孩子的动手能力，让孩子做好充分的参赛准备。

周五的班会时间到了，系鞋带达标测试活动开始了。一些女生动作灵敏，很快就系好了，而且系得特别好看，好像两只蝴蝶落在脚上，立即赢得了大家的阵阵掌声；有些男生还不太熟练，两只小手微微发抖，细细的鞋带仿佛变成了大粗绳，总是抓不到一起，急得鼻尖上渗出了汗珠儿，几经尝试，总算系上了。

几个小组轮番上阵，最后就剩下路小轩、肖志伟和赵睿铎几个学生迟迟不敢上场。我见他们面有难色，就声援道："谁愿意做'小老师'，陪着他们一起练习系鞋带?"只见小手刷地举成了一片小树林。我挑选了三个动作熟练又热心的学生，当场举行了"结对仪式"。

三个"小老师"可负责任啦。一下课，"小老师"就拉着自己的"徒弟"蹲下来"教学"。"小老师"边讲边示范，"小徒弟"边听边练习。讲得清楚，听得仔细；教得耐心，学得认真。同伴互助的情景，真温暖！

周末过后的周一早上，路小轩兴奋地告诉我："老师，我会系鞋带啦！我演示给您看。"说着就蹲下身子，麻利地解开了鞋带，然后把两根鞋带互相交叉，打一个结，拉紧；接着左右两边同时缩住使鞋带呈圈状，左手、右手分别勾住对侧的鞋带，拉出，最后用力拉紧。啊！一只漂亮的蝴蝶也飞落在路小轩的脚上了。他开心地仰起头看着我，眼中流露出喜悦与自豪，他还自信地说："系鞋带，小菜一碟，这都不是事儿!"我情不自禁地向他竖起了大拇指："你真棒!"

学习本领，不仅源自书本和课堂，还存在于生活的每一个细节中。从此，我总不失时机地组织各种"小小巧手"比赛：入队仪式前，组织系红领巾比赛；数学课上学过分类的方法后，开展整理书包比赛；班会课上，组织叠被子、洗袜子比赛；寒暑假期间，倡议学生整理自己的衣柜，学会叠衣服；家长课堂上，邀请奶奶和妈妈教学生缝沙包、钉纽扣、绣十字绣……渐渐地，干活笨手笨脚的学生少了，专心精细的学生多了!

昨天，杨草原向我炫耀："我学会编辫子了!"今天，韩笑笑在班级群里发了张照片，是她在做番茄炒鸡蛋。张怡宁说她马上就要缝好布娃娃的小衣服了……

让学生走进生活，参与劳作，学习本领，既培养了他们的动手能力，也教会了他们生活的智慧。

让我去吧

儿时的我喜欢"跑外联"，如帮妈妈打酱油、帮爸爸买盒烟等，乐此不疲。时间一长，我就成了家里的"外交部长"，给东院送个菜，去西院借个筐，不用说，都是我的职责范围。"让我去吧"成了我的行动口号。

年幼的我并不觉得这是什么苦差事，反倒乐在其中。我做这些事并不是为了一毛、两毛的跑腿费。不仅如此，每次买东西剩下的钱，我都整理得整整齐齐，如数上交。每每买回什么或借回什么，总有一种成就感在我心头，再加上母亲的鼓励、邻居的赞赏，我越来越自信，越来越能干。这种经历，对我后来的工作与生活来说，无疑是一笔宝贵的财富。

当老师之后，我也有意识地培养学生勤于“跑腿”的意识。久而久之，“让我去吧”的声音也时常在我耳边响起。

一天，我突然想起下节课的活动表格还没有打印，但自己又实在抽不出身去打印室，于是产生了向学生求助的念头。我刚一提出，鲍高杰就主动说：“老师，让我去吧！”

刚上一年级的学生，连打印室在哪里都不知道。我迟疑了一下，但看到他真诚的眼神，想起了自己儿时的经历，就答应了。我详细地讲了一遍打印室的位置和打印的相关事宜，他高高兴兴地走开了。几分钟后，他气喘吁吁地将资料交到了我的手上。

“老师，给您。”他一边说，一边用手擦着额头上的汗。

我摸了摸他的小脑袋，朝他竖起了大拇指，由衷地说：“高杰真能干！谢谢你！”

他害羞地笑了，就像当年我第一次完成“跑腿”任务时被夸奖的样子。我在班上非常正式地表扬了他，夸他有勇气、敢挑战，是老师的得力小助手。

这件事就像火花一样，点燃了所有学生积极做事的热情。“生字本在办公室的桌子上……”我话音未落，许多学生立即高举着小手，“让我去吧”的声音此起彼伏。

取加餐、送奶盒、发水果、搬水桶、送路队牌……“让我去吧！”学生都抢着去干，生怕说晚了领不到任务，“好事”轮不到自己。

在家里，家长也许根本不舍得让他们干活，有的家长甚至把他们学会生活的大门关得严严的——“书包给爷爷，你背着太沉。”“家务活，不用孩子干！”“赶快去看书吧，这种事不用你管。”就连一些基本的生活技能，如穿衣、系鞋带、整理学习用具、打扫房间等，也有家长心甘情愿地一律包办。其实，这是大人以爱的名义，剥夺了孩子自主成长的权利。

“让我去吧”这句话，喊出的是一种敢于担当的勇气，也是一种积极向上的品质。因此，我主张，凡是孩子可以做的事情，教师和家长都要给予他们足够的信任，学会放手，尽量让他们去尝试，搭建平台让他们自由展示，培养他们的责任心，决不能做他们的包办者、保姆或束缚者。

我时常给家长讲我小时候“跑腿”的故事，分享学生积极做事的故事，让家长明白该给孩子什么，该教孩子什么。每逢假期，我们都要组织“今天我当家”“学做一道菜”“我是父母的小助手”等实践活动，让家长明白孩子需要什么，能做什么。孩子小时候多跑跑腿、多动动嘴，增长的是与人相处的社会经验，锻炼的是独立做事的自主能力，何乐而不为呢？

私人订制心愿卡

“现在颁发本周心愿卡，请以下学生上台领奖！王梓涵、张元、韩冰琪……祝贺你们！”周五下午班会时间，我们班的“周周评”颁奖仪式正在进行。“太好了！得到了心愿卡，爸爸妈妈就可以陪我去动物园喽！”韩冰琪开心地说。

这时，我想起了三个月前学生刚入学时的情景：教室里乱哄哄的，黑板报被涂得乱七八糟，拖把、扫帚凌乱地堆放着，地上的零食袋、废纸团随处可见，许多学生正在追逐打闹，小班长大声维持着纪律……印象最深的是韩冰琪，上课东张西望，注意力特别不集中，小手总做小动作，一刻也不消停，好几门学科的考试成绩不合格，许多学科老师都来“投诉”：“这种学习状态怎么行？”

我找来韩冰琪和她的父母了解情况，得知她的父母工作太忙，陪孩子的时间很少，早就答应带她去动物园，可迟迟没有兑现，在孩子的学习上也只是看分数，极少关心她的学习习惯和内心感受。

要想彻底改变班级现状和学生状态，该怎么办呢？要帮助韩冰琪，从何处找到突破口呢？我陷入了深思。我主动请教老教师，联系家长寻求帮助，争取在解决班级问题的同时，能满足每个学生的个体需求。很快，我便想到了一个办法——私人订制心愿卡。

每周五，小干部汇总所有学生的得分情况并排序，排序前十名的学生将获得心愿卡，并由该学生的家长帮助他完成一桩有意义的心愿，从而激励全体学生积极向上，坚持每天自觉地好好表现。

要将好事办好，还需要考虑细节。首先，我手把手地培训了一批小干部做我的助手，使他们能做好发放小红花、统计得分以及按照得分排序确定表彰对象等日常工作。其次，我组织学生和家长一起讨论合理的愿望选项，如买一本自己喜欢的书，看一场儿童电影或演出，一家人去郊游，吃一次自己喜欢的健康食品，买一个智力玩具，全家人共同进行一项运动，等等。最后，每周颁发的心愿卡，由我亲笔工整书写，以示正式和亲切的祝贺。

自从实施私人订制心愿卡这个办法后，班级整体的精神面貌有了很大的改观，学生学习的积极性提高了，学生和家长的亲子关系更加融洽了。如今，吴阳的作业书写态度大有转变，有时还有“全优”的惊喜呢！王皓上课迟到的次数越来越少了，连平时最不爱干活的高胜博也主动承包了每天洗拖把的任务。一张小小的心愿卡，竟能激励学生每天都保持积极向上的状态，太神奇了！

于是，我悄悄地为韩冰琪加油说：“如果这周你上课时能主动发言，得到三位老师的表扬，我就特别奖励你一张心愿卡，可以让爸爸妈妈带你去动物园。”韩冰琪的眼睛一下子亮了，简直不敢相信自己的耳朵：“老师，真的吗？”

一周过去了，我和其他老师每天都在观察着韩冰琪，她的变化真大呀！上课坐得端端正正，回答问题特别积极，小动作也不见了。老师们都说：“这个孩子进步真大！”“计谋”得逞，我暗自窃喜。周五，我们特意为她颁发了“突出进步奖”心愿卡，并打电话给她的父母报喜，再三提醒他们，本周日无论如何也要抽时间陪孩子去动物园。

心愿卡

韩冰琪同学：

在我班第3周组织的“周周评”活动中，荣获突出进步奖，特发此状，以资鼓励。

恳请你的家长满足你一桩有意义的心愿，祝贺心想事成！

三年级（4）班

2016年2月24日

周一我刚进教室，韩冰琪就跑过来兴奋地说：“老师，爸爸妈妈陪我去动物园了！谢谢您！”我说：“不用谢我，这是你通过自己的努力争取来的。继续加油！”

适当的奖励将激发学生自我教育的主动性。因此，当学生出现一些问题的时候，我们应从他们的角度去思考对策，合理满足他们的心理需求，这样就能激发他们内在的成长力，从而使他们努力成为最好的自己！

让优秀品行在家庭中延续

一次家长会上，我点名表扬了一些学生的突出表现：

“孙思衡，经常为班级拖地，干活很卖力。”

“方春燕，主动督促其他同学订正错题，是老师的得力助手。”

“丁晓岚，课堂发言积极，读书特别有感情。”

“许婧然，心灵手巧，剪纸、绘画样样行，是我班板报组的骨干。”

……

会后，几位家长留了下来，一脸疑惑地问我：“徐老师，我家孩子真有这么好吗？”“孩子在家里吃饭、写作业经常拖拖拉拉，我催促多少遍都不顶用。他在学校里真有那么积极吗？”

我明白了：一些学生为了赢得老师的奖励和同学的好评，在学校是一个样子，在父母面前却是另一个样子。该用什么办法督促他们做到表里如一呢?

好习惯需要持之以恒。学生只有时时刻刻坚持好习惯，才能养成一贯的好品行！对，就从家长督查开始——推行家长督查表，发动家长关注、记录孩子在家的表现。在学校有班级公约和红星榜，在家里有家长督查表，完全实现了家校联手关注学生健康成长的无缝对接。

但如何设计这张表呢？如果学生不乐意参与，埋怨多，担心家长管得严，讨厌时刻被监督，产生抵触情绪就糟了。对，只有邀请学生参与前期的讨论和设计，多听听他们的想法和建议，家长督查这件事才行得通。

于是，我在班会课上提出了自己的“困惑”：“同学们，徐老师每天只能看到你们在班上的突出表现，却不能奖励你们在家里的良好习惯。这样一来，班上的‘周周评’也显得不太全面。该怎么办呢?”

“徐老师，那就将我们在家的表现也作为一周的评价内容吧。”

“我们在家里的表现，家长可以看到啊。徐老师，请家长帮我们记录下来，就可以解决这个问题了。”

“好主意！为了便于家长记录，我们一起来设计一张表吧！请大家讨论一下：主要从哪些方面记录我们的好习惯？有哪些注意事项需要特别说明?”

班里立刻热闹起来。几人一组，各抒己见，有大胆谏言的，有据理力争的，有主动让步的，有合理补充的……半个小时过去了，大家逐渐安静下来，纷纷坐好等待各小组代表汇报。

“我们组建议，这张表主要记录生活作息、家庭作业完成等方面的情况。生活作息情况包括起床、洗漱、吃饭和睡觉；家庭作业完成情况包括用的时间、书写情况。”

“我们组建议再增加写字姿势、特长练习、承担家务和不任性等方面的内容。”

“关于评价方面，需要说明：主动完成的，在相应空格里画★；经提醒完成的，画☆；不按要求完成的，画○。家庭作业完成时间不能超过40分钟，晚上要在九点半之前完成洗漱，准备睡觉。”

“我们组强调，每个人还可以根据自己的实际情况，在后面添加一些需要补充的项目。”

“每周一上交给徐老师批阅，将评价结果列入我们‘周周评’的综合评价中。”

……水到渠成！

听了学生的精彩发言，我心里乐开了花：“那我们给这张表起个好听的名字吧！”

“我们的中队名称是尖尖小荷，就用‘尖尖小荷’做这张表的名字吧。”

学生在积极参与中迸发出的热情、真诚和智慧真令我感动。

“‘尖尖小荷’家长督查表”的问世，既激发了学生展示自己的主动性，也赢得了家长的啧啧称赞：“您提出的这些要求，孩子完成的时候不仅很开心，还觉得很有兴趣。孩子在坚持做好每件事的过程中，养成了很好的习惯。我们做父母的，也慢慢懂得了如何教育、引导孩子，受益匪浅！”以下是李宇恒的“‘尖尖小荷’家长督查表”。

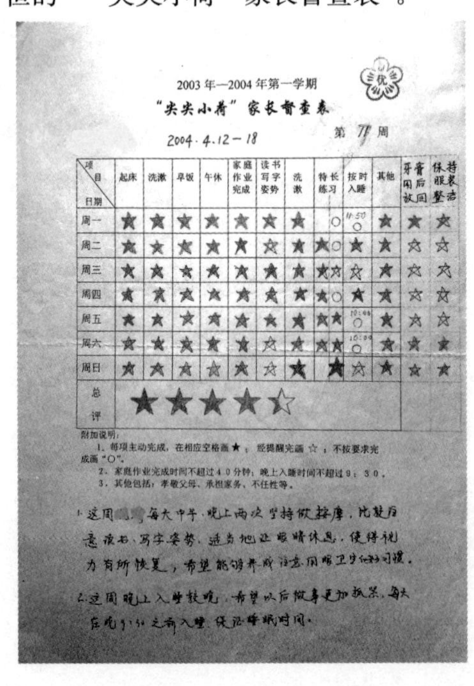

2003年—2004年第一学期

“尖尖小荷”家长督查表

2004.4.12－18　　第 11 周

项目／日期	起床	洗漱	早饭	午休	家庭作业完成	读书写字姿势	洗漱	特长练习	按时入睡	其他	牙膏用后放回	保持服装整洁
周一	★	★	★	★	★	★	★	○	11:50 ○	★	★	★
周二	★	★	★	★	★	☆	★	★○	★	★	☆	☆
周三	★	★	★	★	★	★	★	★☆	☆	★	☆	☆
周四	★	★	★	★	★	★	★	★○	★	★	☆	☆
周五	★	★	★	★	★	★	★	★★	10:46 ○	★	☆	☆
周六	★	★	★	★	★	☆	★	★★	10:09 ○	★	★	★
周日	★	★	★	☆	★	☆	★	★	☆	★	☆	★
总评	★★★★☆											

附加说明：

1．每项主动完成，在相应空格画★；经提醒完画☆；不按要求完成画“○”。

2．家庭作业完成时间不超过40分钟；晚上入睡时间不超过9：30。

3．其他包括：孝敬父母、承担家务、不任性等。

1.这周[illegible]每天中午、晚上两次坚持做按摩，比较注意读书、写字姿势，适当地让眼睛休息，使得视力有所恢复，希望能够养成注意用眼卫生的好习惯。

2.这周晚上入睡较晚，希望以后做事更加抓紧，每天在晚9:30之前入睡，保证睡眠时间。

要唤醒学生自我教育的行动自觉，就应激励他们参与成长的全过程。教师和家长的陪伴与鼓励，同伴间的互助和鞭策，形成了多方面、全覆盖的立体教育网络，营造了一种充实、向上的成长环境，激励着学生将自己的优秀品行在家庭中延续，在生活中积淀。

书香满屋

学校的阅读盛典活动开展得如火如荼，读书、剪报、课本剧、古诗文诵读、故事会……每个学生都积极参与其中，以各种形式体验着读书的快乐。期末家长会上，我将学生的阅读收获做成精美的课件予以展示，并隆重表扬了本学期的“阅读小明星”，将精美的绘本奖励给他们。看着学生拿着绘本欢呼雀跃的样子，我越来越觉得引领学生走进阅读的世界，是一件非常美好的事情！

我刚接班时，学生的阅读状况不太乐观。阅读时段，有些学生能够从始至终专心致志地看一本书，完全沉浸其中；也有些学生拿着一本书匆匆翻了几页，就去换另外一本，根本静不下心来；还有的学生捧着一本书，却东张西望，心思根本没在书上。读书分享会上，只有部分学生积极参与。有的家长也反映，孩子写完家庭作业就看电视、玩玩具，很少主动看书。我开始思考：怎样才能让学生真正地主动阅读、爱上阅读呢？

一天的阅读时段，我早早地进了班，坐在最前面，拿起一本书放在鼻子前，摆出使劲闻书的姿态。这时，学生陆陆续续地进来了，看见我的样子都很纳闷儿。有的学生忍不住悄声问我：“老师，您怎么啦？”

“嘘！我在闻书香。”我神秘地说。

“书香？我闻闻！”学生都好奇地围上来。

他们把鼻子凑过来，使劲地嗅着，诧异地说：“什么气味也没有啊！”

我趁机和他们聊了起来：“孩子们，你们觉得书是什么气味的？”

听了这个问题，学生一时都有些迷惑，纷纷把鼻子凑近书本闻了又闻。最后，大家一致认为，书是没有气味的。

“你们知道吗？犹太人认为书本是甜的！”我又神秘地说。

“甜的？”学生不由得瞪大了眼睛，有的还惊讶地伸出了小舌头。

“犹太人酷爱读书，他们在书本上滴上蜂蜜，然后让孩子闻，以使孩子从小就喜欢上读书。因此，犹太人都认为，书本是甜的。”我接着说，“中国古人认为，书中充满了智慧。凡是有好书的地方，就一定有一股浓浓的书香。我想问问，我们班孩子中谁的房间最有书香味？”

学生你看看我，我看看你，都不出声。

我顺势引导：“这样吧，本周末我们的实践作业就是动手整理自己的房间，让自己的房间不仅整洁温馨，还有书香味。下周三之前，将自己房间的美图发送到米学网，参加班级评选。谁的房间最有书香味，谁就可以邀请徐老师去参观哦！”

没过几天，学生纷纷传来了他们的卧室或书房的美图，有装满图书的书柜，有温馨的阳台书吧……真是书香满屋啊！

我请学生先在组内展示，并说一说自己最喜欢谁的房间。当我走到李筱棠的身边时，我拿起她的照片，笑着说：“我特别喜欢你的房间。”她立即甜甜地笑了。

其他学生好奇地问：“为什么？”

“请大家看看李筱棠的房间，猜一猜为什么。”

“因为房间里有很多书。”

“因为房间里有很多好书。”

“因为李筱棠正在读书。”

“是的，徐老师之所以特别喜欢李筱棠的房间，是因为图中李筱棠正在安静地读书，她的妈妈也在专心地读书，这是一个真正的书香家庭。有书香味的房间，不仅要有丰富的图书，更要有爱读书的主人，这才是最重要的！”我深有感触地说。

这次活动以后，许多家长都高兴地对我说：“孩子不仅学会了如何整理自己的房间，更重要的是养成了每天读书的好习惯，还常常提醒我们也和他一起读书!”“我家孩子每次旅游出门前整理行李箱时，总不忘塞上一本书，坚持途中阅读。”

家里藏着我们的生命状态，藏着孩子的未来。书香满屋，处处清爽。孩子在这样的环境中成长，每一天的心情是愉悦的，思想是清新的，遇到事情是冷静的，将来肯定是有出息的。

我们努力长高个儿

一天，体育老师发愁地对我说：“咱们班有好多学生绕操场跑步都坚持不了两圈，还有几个学生的身高明显没达标，您可得想办法呀!”

的确，现在学生的学业任务较重，有一点儿空闲还要参加各种辅导班，很少有时间锻炼，也不愿意运动。但是他们正处于长身体的年纪，怎么能没有健康的身体和饱满的精神呢？学生的成长方式并不只是每天写作业、背书和练习特长，如果没有好的身体，任何教育都达不到培养人的目的。

怎样让学生锻炼起来呢？

我想到了跳绳，这是一个增强体质的好项目。一根小小的跳绳，物美价廉，轻巧便于携带，而且对活动场地的要求不高，随时随地都可以锻炼。回家，家长可以陪孩子一起练；在学校，课间学生可以一起玩、一起比赛。

于是，我向学生发起了“我们努力长高个儿”的活动倡议，并精心设计了阳光体育锻炼卡，每天由家长记录孩子一分钟的跳绳个数，我统计后在家长群里及时发布当天学生最好的成绩，夺得每日跳绳冠军的学生可获得一面小红旗的奖励。

我神秘地对学生说：“大家可别小看了跳绳这件事，它可是一项能让我们长高个儿的运动。徐老师长这么高，就是因为小时候一直坚持跳绳。”学生对此深信不疑。我还郑重承诺：“小学毕业时，凡是身高能超过我的学生，我一定满足他一个愿望。”

学生练习跳绳的兴致异常高涨起来。从此，他们的书包里多了一样宝贝——跳绳。早读前，下课后，学生利用一切碎片化时间来练习跳绳。看，原来身手还不老练的姚紫薇，此刻手中的红色小绳被摇得上下翻飞，弧线从脚下“啪啪啪”地飞过，一分钟竟跳了160多下。许多学生走路时，还不忘蹦蹦跳跳地空手练习跳绳呢！

活动课上，大个儿学生陈旭东讲述了他坚持练习跳绳的情景：“起初，我跳得也不行，总是被绊住脚，一分钟最多不超过30个。认输？那可不是我的性格。我向妈妈发出了挑战——每天晚上和妈妈比赛跳绳。为了超过妈妈，我每天自己找时间，主动练习跳绳，反复琢磨跳绳的秘诀。就这样坚持了很长时间以后，我一分钟跳绳的成绩有了很大的提高，不仅轻松地超过了妈妈，还获得了班级跳绳比赛的冠军。”

更让人开心的是，学生还开动脑筋发明了许多长高个儿的办法，如跳高、立定跳远、单腿跳、蜘蛛爬等运动项目，玩在其中，乐趣无穷。

有益的运动，再配以合理的饮食和充足的睡眠，才能让学生拥有棒棒的身体。我们班学生每天上午来上学时，都可以自带一些面包、牛奶或水果，利用课间操后的时间自主加餐，及时补充营养。我对学生说：“我们想努力长高个儿，不仅要多运动，还要不挑食，保证每天吃一个鸡蛋，喝一袋牛奶，而且一定要重视睡眠质量。大家可别小看了每天短短几十分钟的午休，它是让我们养精蓄锐的黄金时间，大家一定要安安静静地睡好，每天不忘给自己加加油。”天真可爱的学生，为了我们之间那个美丽的约定，每一天都在努力着。

期末学业检测时，我们班学生以“全部合格”的体育成绩通过了考核，体育老师非常兴奋地跑来报喜。

六年后，这群即将跨入中学的学生集体约我共享荣耀时刻。合影时，他们非常骄傲地站在我的身边，尤其是身高超过了我的学生，更是神气十足。

我的假期 DIY

“五一国际劳动节放假三天。”我的话音刚落，班里一片欢呼。刚刚经历了期中考试的学生，终于可以放松一下了。

学生怎样度过假期才有意义呢?

家长的意见各有不同：有的认为孩子上学期间很辛苦，放假了就应该睡到自然醒，想去哪儿玩就去哪儿玩，想几点睡就几点睡；有的认为假期正好是孩子查漏补缺的时候，让孩子抓紧时间补习功课吧；还有的希望老师多布置一些家庭作业，免得孩子没事干，一直抱着手机或电脑玩游戏。

以上观点，都缺少科学规划，我感觉都不妥。第一个观点是放任自流，打乱了平时的作息时间规律，肯定会影响孩子开学后生物钟的正常恢复；第二个观点功利性太强，时间安排过于紧张，没有尊重孩子的年龄特点，容易造成孩子的逆反心理，使其对学习丧失兴趣；第三个观点显然显示出家长存在不想管、不想陪、不会管或管不住孩子的问题，也不可取。最关键的问题是，这些想法都是从家长层面提出的，主观性强，没有考虑孩子的个体需求，没有从培养人的角度去深度思考。

假期是学生体验家庭生活和社会生活、增加实践经验的宝贵时段。小学生每周都有双休日，几乎每月都有大小假期，每年可以自由支配的时间林林总总近 4 个月。教师和家长一定要重视起来，利用好这段时间鼓励学生在合理利用时间、积极参与各种实践活动等方面不断提高能力。

在这方面，班长田荣恒做得很好。

放假前几天，田荣恒在征求父母意见的基础上，拟定了假期活动时间表，内容有体育锻炼、游玩（包括亲子旅游和个人自由活动）、作业、阅读、做家务、陪父母看望老人等，每一项都有具体时间安排，同时必做项目和自由项目相结合，有张有弛，劳逸结合，充实而灵活，确实是一份非常有意义的假期实践活动规划书。

学生学会了规划自己的假期生活，将来就有能力有滋有味地独立过日子。如果一直不会管理和运用自己的时间，只知道一味学习，或玩起游戏、看起电视来没有节制，没有承担家庭责任和社会责任的意识，将来就很难享受到充实工作、愉悦生活带来的成就感。

我将田荣恒的经验推荐给了其他学生，倡议家长陪孩子一起来完成“我的假期 DIY”任务，并提出了以下参考建议：早睡早起，保持良好的作息习惯；每天保证一定的作业和阅读时间；一定要参与一些户外活动，做一些家务劳动；坚决反对让学生“无法喘气版”和“懒散无所事事版”的假期规划。

假期过后，我们组织了“我的假期 DIY”展示和评选活动。学生提交了丰富多彩的假期活动报告：去云台山采风，在厨房中做番茄鸡蛋面，在图书馆里静心读书，陪爸爸妈妈去超市购物，在公园里晨练，去舞蹈教室学跳芭蕾舞……“我的假期 DIY”，传递的是一种积极的生活态度，表达的是对自己个性需求的尊重和满足，指向的是规划未来人生的能力。

为了持续发展自我规划能力，期末时，学生自发组织了“我的暑假 DIY 发布会”，互相学习和分享假期活动安排方案，为度过一个快乐而充实的长假做足了功课。

“徐老师，今年暑假您准备怎么过?”学生故意考验我。

“我已经想好了，我要在这个长假里认真阅读一本书，用正楷字抄写党章，学会游泳，去云南大理欣赏秀丽的风光，回老家探望父母!”我胸有成竹地应声答道。

“徐老师，您也是假期的主人!”学生纷纷竖起了大拇指。

第二章 自主管理，小妙招大成长

班主任是很辛苦的。每日备课、上课、批改作业，一样不少；班级管理更是琐事繁多，大大小小都得抓。如果在低年级任职，更是天天手忙脚乱。这样繁忙的工作状态，用“焦头烂额”来形容，毫不夸张。

面对这种情况，班主任是事必躬亲、“严防死守”，还是信手放养？这两种方式可能都有问题。只有请学生以班集体为出发点，学会自主管理，学会担当责任，方为上策。但学生这么小，行吗？不试试，肯定不行。

班级实施自主管理，班主任要善于放手，相信学生能处理好集体事务性工作，给每一个学生参与、锻炼和展示的机会，做到事事有分工，力争人人都是班级的管理者，增强学生的集体意识和服务意识，形成独特的班级文化。视线之内，五米之外，扮演“牧羊人”，就是班主任最合适的角色。

班上人人都是“长”

又是一个阳光明媚的清晨。

我迈着轻快的步伐走到教室门口，耳边传来琅琅的读书声：“雪峰插云，古木参天，平湖飞瀑，异兽珍禽……九寨沟真是个充满诗情画意的人间仙境啊!”

轻轻推开虚掩着的门，教室里一切井然有序。语文科代表正在领读晨诵；值勤班长正在清点收上来的作业；值日生各司其职，有的在浇花，有的在擦黑板，有的在拖地。一切都是那么有条不紊。每当看到这般静好的景象时，我总感到无比欣慰。

“把班级的事务交给学生，让学生在自主管理中成长”，一直是我的班级管理格言。班主任实行权力下放，不是为了让每一个学生都过把“班干部瘾”，而是让他们都轮流扮演“服务员”的角色，为班级多做事，为大家做贡献，不断增强责任感和集体意识。多年的实践经验证明：班上人人都是“长”，既锻炼了学生，解放了教师，也形成了独特的、自主的班级文化。

今年秋季，再接新班，我依然使用这一妙招，启动自主管理模式，鼓励每个学生都来选择适合自己的职位。

竞选中队委，可以毛遂自荐，可以推举他人。经过选手述职、学生民主推荐，最终产生了七名小“公仆”。其中，两名班主任助理，负责课前、课间和放学时段的班务工作，督促学生“入室即静”“坐下早读书”“文明活动”“有序离校”；三名学习委员，每天轮流负责早读和收发作业，每周循环一次。出人意料的是，调皮捣蛋的牛世勇当选了体育班长，爱管闲事的郭文彬当上了生活委员。这两名学生是大家公认的“淘气包”，但我认为，人人都是潜力股，应该给他们锻炼的机会。

我对其他学生说："我们都是光荣的志愿者。班级事务多，大家要选择适合自己的事情来做。小时候能做好小事，长大后才能做好大事。"

学生一下子来了劲头，争先恐后来领取适合自己的工作：身高体壮的自愿当搬水工，个子小的负责为花草浇水，年纪小的负责开关电灯。另外，我极力推荐在某方面还需要努力的学生去挑战一些特别"适合"自己的工作，以使他们能在提醒别人、做好服务的同时，反思自己的不足，积极进步。比如，爱玩耍的学生负责维持课间走廊纪律，爱挑食的学生做餐桌长为大家打饭分菜，爱迟到的学生负责每天为班级开门、锁门……所有的学生都成了做事、管事、为大家服务的"长"!

全班学生个个既是管理者、参与者，又是被管理者、合作者，实现了人人有责任、个个扛担子、事事有人管、人人有事管、人人有人管、人人能管事的目的。我一下子成了"逍遥"的班主任，手下"千军万马""人才济济"，还需要天天絮絮叨叨、事必躬亲吗?

自主教育的最终目的，就是让每个受教育者都得到发展。在班级管理中，每个学生都是独特的个体，我们要尊重学生的参与权，努力发现学生的潜质，唤醒学生的主体意识，鼓励他们积极参与各种活动，大胆表现。因此，诸如执勤、保洁、加餐、队会等校园活动的组织与管理，凡是学生能做的，我们都要敢于放手，努力做一名有智慧的"爱心牧者"，而不能做"纤夫"。

我们是"尖尖小荷"

10 月 13 日，秋高气爽，万里无云。我们班的学生齐刷刷地戴上了鲜艳的红领巾，个个精神抖擞，掩饰不住的激动与喜悦在上扬的嘴角边跳跃，小脸蛋在红领巾的映衬下更显粉嫩可爱。看着这些天真、向上的学生，我倍感责任重大。"如何激发小队员的集体荣誉感?如何建设一种促进学生精神成长的中队文化?”这成了我亟待解决的问题。

经过思考，我决定从中队命名开始。

一个孩子是整个家庭的希望，家人将真挚的祝福、满心的期盼等精神元素凝聚为一个独特的名字，并伴随着孩子的成长。同样，一个优秀的团队，就是所有学生的精神家园，也一定要有一个响亮的名字，用来张扬个性品质、传递力量，这样才会有士气和凝聚力。

集体的事情，自然需要全体成员集思广益。

“同学们，本周末，大家有一项特殊的作业，那就是开动脑筋，为我们的中队起一个名字。要求有三个：一是要响亮，二是要有意义，三是试着将你所起的名字代表的意义画一画。这是一项很不简单的作业，你可以和其他同学商量，也可以向家长请教。下周，我们要组织评选，看看谁起的名字能被大家选中。加油!”趁着大家还处于成为少先队员的激动情绪之中，我抓住契机下达任务。

面对这项荣耀而艰巨的任务，学生跃跃欲试，嚷着：“保证完成任务!”

新的一周开始了，学生举着形状不一、颜色各异的作品信心百倍地走进了温暖的校园。

“我起的名字是‘向日葵’。因为向日葵有一张圆圆的笑脸，每天都朝着太阳。我希望我们中队的每一个队员都像向日葵一样阳光开朗。”

“我爷爷起的名字是‘大海’。因为大海很宽阔，一望无边。爷爷希望我们中队成为一个充满爱的集体。”

“我爸爸起的名字是‘尖尖小荷’，是由‘小荷才露尖尖角，早有蜻蜓立上头’这句诗想到的。爸爸希望我们都像荷花一样美丽纯洁。”

……

学生准备得都很充分，一一分享了自己和家人的起名成果，那股认真劲儿令人感动。大家起的名字都很有意义，我没有立即裁定孰优孰劣。

“感谢大家的积极参与，想出了这么多好听而有意义的名字，我都非常喜欢。但中队名称只能有一个，为了公平起见，我们选用投票的方式决定到底用哪一个。请大家先在小组内充分讨论，然后汇报给家人再讨论。

周四放学前，每人将自己最喜欢的名字写下来，投放到意见箱里。周五队会课上，揭晓投票结果。”我放慢语速，清清楚楚地交代了下一步的任务。

在周五的队会课上，“七色花，3 票；大海，8 票；向日葵，12 票；朝阳，5 票；尖尖小荷，26 票……”中队长高声唱票。

在学生热烈的掌声中，我激动地宣布：“我们中队的名称，最终结果是‘尖尖小荷’。向大家由衷地表示祝贺！希望全体少先队员以‘尖尖小荷’出淤泥而不染的高贵品格、富有生命力的精神来勉励自己，成为有知识、有修养、有上进心的好孩子。”一场为中队命名的实践活动圆满地拉上了帷幕。

名字好取，但让“尖尖小荷”成为名副其实的班级精神，还需要付出长期的努力。我们以此为突破点，开展了一系列的教育实践活动：手绘荷花图，诵读描写荷花的古诗，参观荷花景点……从各个方面去感悟荷花精神。

六年来，“尖尖小荷”中蕴含的文化内涵，成了我们中队的形象符号，成了我们做人做事的标准，成了激励我们向着更高目标不断迈进的精神名片。这是一种动力，也是一种约束，带动了全体学生在各方面的自觉、自律。多年以后，他们依然坚信我们“尖尖小荷”中队是最棒的！

班级文化的构建是一个长期积淀的过程，是激发学生自信心、集体荣誉感和班级凝聚力的过程，也是打造班级文化特色的过程。在此过程中，引导学生亲身经历、体验合作、用心感悟、丰富情感，尤为重要。

我们这样选班委

“老师，这学期重选班委吗？我想竞选卫生委员，带领大家把卫生做好！”性格直爽的王嘉宁急切地问。

我刚接这个新班，对学生还不了解。于是，我对大家说：“两周以后，我们再竞选班委，通过自我推荐、大家投票的程序确定新的班委。如果你对哪个职位感兴趣，可以提前做好准备。建议大家在写竞选稿的时候想想：你为什么竞选这个职位？如果当选了这个职位，你会怎么做？我对大家还不太熟悉，希望这次竞选能让我记住你，欣赏到你精彩的一面！机会永远青睐那些有准备的人，千万不要错过哦！”

消息一宣布，班里立刻沸腾起来，很多学生摩拳擦掌，准备挑战一下。

两周后，激动人心的时刻终于到了，学生会有怎样的表现呢？我带着期待走进教室。

“敬爱的老师，亲爱的同学们，大家好！我想竞选班长一职！班长，是一班之长。但班长不是高高在上的，而是老师的小助手、同学们的服务员。假如我当上了班长，我不会炫耀，我会积极协助老师开展好各项活动，热心地为大家服务，管理好班级，让同学们互相帮助、共同进步，让我们班成为积极的、向上的、和谐的班级。”

这是蒋泽帆的竞选演讲。早就听其他老师说，这是一个非常优秀的学生。今天听了她铿锵有力的演讲，看到她那自信沉着的样子，我为有这样优秀的学生感到荣幸。

“大家好！我想当卫生委员。我非常爱劳动，从一年级开始，我就自己整理房间，帮妈妈做很多家务。我能把家里打扫得干干净净，把各种物品整理得整整齐齐。如果我当上卫生委员，我会带领大家将我们的教室变成最整洁、最温馨的学习家园。”这是一直对卫生委员这一职位“情有独钟”的王嘉宁的竞选演讲。

“大家好！……”个子最小的任金星上场了。这个学生年龄偏小，个子矮，胆子也小。平时打招呼，他的声音总是很小，这是我第一次看到他上台讲话。只见他说出“大家好”三个字之后，就停了下来，教室里安静得出奇。大家都在耐心地等待他调整情绪，可是他一直不说话。后来，不知是谁带的头，台下响起了热烈的掌声。他终于鼓起了勇气：“大家好！

我想当学习委员。虽然我个子小，但我喜欢学习，成绩优异。请大家支持我！”我为他感到高兴，如此腼腆的学生，走上讲台去竞选自己喜欢的职务，这需要多大的勇气呀！我非常振奋地说：“同学们！我为拥有任金星这样的学生而骄傲！因为他懂得挑战自我、超越自我。相信经过这次锻炼，他一定会越来越勇敢！”

36个学生一个不少，依次登台参加了竞选演讲，有的沉着冷静，有的脸蛋通红，有的紧张得小手发抖。我认真地聆听着每个学生的发言，时而惊喜，时而感动。教师要给每个学生都提供锻炼和展示自我的舞台，尤其是那些胆子小的学生，更需要鼓励，需要这样的机会。

最紧张的时刻到了——开始投票，新一届的班委终于产生了！王嘉宁用自己的诚意如愿以偿地当选了卫生委员，而蒋泽帆和任金星都没有竞选成功，我看到他俩及其他落选学生的脸上流露出失望的神情。

担任班委是许多学生的梦想，但毕竟只有少数学生能够竞选成功。为了让更多的学生实现自己的梦想，为了让每个学生都有为大家服务的机会，我决定实行班级事务“包干负责制”。

我们根据日常活动增设岗位，如加餐管理、电器管理、门窗管理、课间纪律监督、课堂纪律监督、红领巾佩戴情况检查、好人好事情况记录等，每项工作都安排专人管理。这样，每个学生都找到了自己的一席之地，成了集体中不可缺少的一员，体验到了自身的价值。

如今，一个个小班委责任心极强，班级活动丰富多彩，班风班貌越来越好，我内心的欣慰感、自豪感、满足感油然而生，我为拥有这群团结友爱、追求上进的学生而骄傲！

我们要相信学生，该放手时就放手。给学生一场雨，我们会看到绚丽的彩虹；给学生一方水，我们会看到浩淼的海洋；给学生一个舞台，我们会看到别样的精彩。

班级公约大家定

学期初，学校大队部在各班都张贴了《学生一日常规行为规范》，要求一个月内坚持每天诵读，全员遵照执行。

“尊重老师，团结同学……诚实守信……不迟到，不早退……”该规范言辞整齐，严肃板正，学生天天诵读却如同念经，毫无生气。总感觉这份全校统一的行为规范中少了什么。对！缺少各中队的文化个性，缺少学生和家长的价值认同。仅凭墙上挂一挂、师生背一背，如果学生不入心，这张规范只是一件装饰、一纸空文而已。

不同的班级有不同的个性特点。各班公约也要体现一种个性，表达一种文化，不能千篇一律。有效的班级公约，将促进健康班级氛围的营造，影响的是身处其中的每一个成员，包括全体师生和家长。

既然是公约，那就要求大家共同遵守，全员参与。只有通过大家共同讨论而制定的班级公约，才有公信力，才能发挥它的约束作用。教师、学生和家长都是班级的一分子，我决定发动集体的力量量身定制班级公约。

班级公约的内容有哪些？用什么样的方式呈现呢？我倡议全班学生和家长共同讨论这件大事，都为班级公约的制定出谋划策，并提醒大家立足“尖尖小荷”的文化形象和学生的个性特点，拟订体现中队特色的公约内容，打造“勤勉努力，积极向上”的中队文化。

一说有任务，学生就劲头十足，叽叽喳喳地讨论着公约的内容。“我们应该每天穿校服。”“我们要保持教室的整洁。”“我们要多读书，多看报。”……通过学生热烈的讨论，在家长热心参与的基础上，班级公约的基本框架被梳理出来了。同时，学生和家长在回顾、整理日常规范的过程中，再一次认同了“尖尖小荷”的核心价值，对班级公约的基本内容（见下表）很快达成了共识。

班级公约基本内容

序　号	项　目	具体要求
1	大型集会	列队快、静、齐，认真听，用心记
2	读书读报	每天午睡前半小时
3	认真写字	提笔即练字
4	上下楼梯	自觉排队，靠右行，要安静
5	爱护书本	不损坏，不乱涂乱画，字迹工整
6	同学相处	大让小，男孩让女孩；犯错误先反思，再道歉
7	校服穿着	干净整洁，不混搭
8	教室保洁	物品整齐，一尘不染，有绿色，有书香
9	做好自己的事情	梳头、背包自己做，主动做家务，不给别人添麻烦
10	过节仪式	家人团聚送惊喜

该公约内容与学生日常的学习、生活密切联系，通俗易懂，简单明了，好读好记，极大地促进了学生的自我教育。

教育要实实在在地培养人，而不应停留在口头上，或者流于形式。要将规则转化为无意识的行为自觉，需要长时间的坚持和督促。为了增强班级公约的执行力度，我们又提出了相关奖励措施。

第一，每天由一名执勤班长负责记录学生的表现，对有突出表现的学生，及时奖励一朵小红花。获得 15 朵小红花的学生，可在“红星擂台”上给自己加盖一颗红星。

第二，每读完一本书，经家长检验后，可在班级“书签树”上悬挂果实形状的书签，并给自己加盖一颗红星。

第三，每周五，为以上两项表现突出的学生颁发喜报，并让家长满足其一项有意义的心愿。

第四，期末评选出“红星擂台”前十名学生、“书签树”前十名学生，为他们颁发奖状，以资鼓励。

多年以后，我再问这些已经长大的学生："小学的时候，哪些方面成就了你现在的优秀?"

"自己的事情自己做。"

"遇事不焦躁。"

"写一手好字，多读书。"

"注意仪表。"

"做事追求完美。"

"关爱他人，愿意吃亏，懂得谦让。"

……

听到这些经多年事实验证了的"褒奖"，我有一种说不出的骄傲。

作业收缴变奏曲

作业收缴，看似是一件普普通通的小事，其中却藏着大智慧。作业怎么收缴更省时、更省力、更有序呢？这是一个值得研究的话题。

"收作业了，收作业了！""大嗓门"学习委员赵光晖催交作业的声音被淹没在一片喧哗中。同学们只顾谈论自己的话题，哪里听得到别的声音？赵光晖的嗓门越来越大，教室里也越发喧闹，好像一支杂乱无章的交响乐。早读铃不响，这样乱哄哄的场景就不会停止。

收上来的作业也杂乱无章，语文、数学和英语作业本混在一起，作业本不齐……早读课快结束了，赵光晖还没有把作业分门别类地送到教师办公室。为这件事，各位学科老师没少给我提意见。

既然是班级的事情，还是找大家商量吧。

班会时间，我非常困惑地对大家说："老师现在遇到一大难题，一直没有找到解决的办法，拜托大家帮帮我！"一听老师有困难，学生立即表现出很关切的样子。

“用什么办法能提高收缴作业的效率，保证早读的良好秩序呢？”我适时抛出了这个令人头疼的问题。

有学生建议采用“个人负责制”：每个人进班后，首先把作业本放在组长的课桌上，然后开始早读。“不行！每个同学都去组长那里交作业，教室里就会人来人往，还怎么安静读书呢？”“组长同时收三科的作业，上课前肯定清查不完。”第一个建议立即遭到了否决。

还有学生建议采用“交完作业再进班”的办法：在教室门口摆放三张桌子，分别贴上语文、数学、英语的标签。大家进班前，先主动将作业放到相应桌子上，再进班学习。

“这个方法好，这样教室里就没有走动的学生，大家都可以安心读书了。你们觉得呢？”我首先举手赞成。

“这个办法也有问题。如果有同学没交作业就直接进班了，科代表还要花大量的时间清查谁没有交，太麻烦了。”第二个办法确实也有弊端。

“我们在桌子上贴上各组名单。你是哪一组的，就把作业交到哪一组。小组长清查时，哪组少了一本，对照一下名单，马上就知道谁没交了。”有的学生提出了补充建议。

“不行，还是不便于清查。再说，一张桌子上也不能并排摆下六个小组的作业。”前任学习委员方春燕有丰富的收缴作业经验，明确提出了反对意见。

我赞同地说：“春燕说得有道理。请大家针对学生活动面大、不便于清查等实际问题，再好好讨论一下，肯定还有其他妙招。”

核心问题聚焦了，大家思考和讨论的方向就非常明确了。

最终，大家一致认同了第三种方法——“小组科代表负责制”：每一列为一个小组，第一排的学生为每组的语文科代表，第二排的学生为每组的数学科代表，第三排的学生为每组的英语科代表。每天早上，同学们把三科作业放在自己的桌子上，开始早读。课前五分钟，各科科代表分别去收作业。

“这个方法好！科代表集中收作业，能提高收作业的速度，谁没有交也一目了然。”赵光晖频频点头叫好。

“这样，我们班的早读和收缴作业就互不影响了。”

听了大家的发言，我会心一笑，竖起大拇指称赞道：“还是集体的力量大呀！”

经过两周试行，效果还真不错！每天早晨，我班教室都会早早传来动听的读书声；上课前，科代表都已经收齐了各科作业。在良好有序的早读中，一天的学习生活仿佛一曲清新小调轻缓地奏响了序曲。

遇到问题鼓励学生自主解决，是班级管理工作的一大法宝。收缴作业这一难题被轻松地解决了，更重要的是，学生作为班级事务的主体，在分析问题、不断求证和试行成功的过程中，学会了如何寻求最佳策略来解决问题。

办板报，人人都有份

班级板报，需要每月更新一次。每当重新设计时，板报组的几个学生提前几天就开始定主题、想构图、找资料，总是绞尽脑汁，忙得不亦乐乎。时间一长，其他学生理所当然地认为：办板报，就是板报组的事。

秋季开学了，我想换一种思路安排这项工作。于是，开学第一周，我主动征求大家的意见：“同学们，新学期新气象，我们要办好新学期的每一期板报！有什么好的建议，大家来谈谈。”

“老师，我和苏菲菲的粉笔字写得好，董雨昕和崔颖她俩画得好，我们几个来负责吧，一定能办好每一期的板报！”宣传委员迫不及待地推荐了“老牌”板报团队。

“老师，不能总是让他们几个承包，大家都应该有机会嘛！”一个声音反对道。

“你平时不遵守纪律，不找人麻烦就不错了。你是想办板报，还是想添乱呢?”“老牌”板报团队的成员七嘴八舌地反击。

主动提出“大家都应该有机会”的学生是黄宁宁，遭到大家的质疑也是有原因的。他经常和其他同学发生矛盾，上课也时有“出格”行为。所以他一提出建议，反对的人很多，且不说水平怎么样，大家都担心他影响别人办不成板报!

通过以往长时间的相处，我发现宁宁的内心特别敏感。只要看到别人说悄悄话，他就觉得别人是在说他的坏话，就会和同学发生矛盾。因此，父母和同学都经常指责他，给予他的多是教训的口吻、批评的话语和负面的评价。其实，我知道他平日说一些诋毁别人、抬高自己的话，上课做一些“出格”的事，无非是想引起大家的注意，得到大家的重视。由此看来，宁宁很在意别人对他的评价，是一个极度缺乏认同感的孩子，他需要一个表现的机会、一个被大家认可的契机。

板报办不好可以重来，可是鼓励学生主动参与的良机不能错过。于是，我说道：“宁宁说得对，班级办板报，人人都可以参与。只要有参与意愿的，都可以报名。报名人多的话，我们可以分成小组轮流来办。同时，我们还要比一比哪个小组最会合作，板报办得最精美，板报质量最高。”

在宣传委员的组织下，主动报名的学生还真不少，足足有20人，正好分成4个小组，每组5个人。宁宁选择了第一组，心满意足地成了第一期办板报的小组成员。

开学第一周，第一小组迅速开始了行动。他们先将板报标题“晒晒我的新学期目标”写在了教室后面的黑板上，我发现这几个大字鲜亮醒目。组员们都说，这是宁宁的功劳。宁宁不好意思地说：“这个标题是大家想出来的。这几个大字，是我请教书法老师后才写好的。”“你们真会合作!遇到问题，能想到借助外力，懂得换一种思维方式来解决，值得其他小组学习。”听了我由衷的表扬，宁宁的脸蛋红红的，不好意思地挠挠头。

在办板报期间，宁宁发生了很大的变化。曾经顽皮的他，竟然放弃了所有玩耍时间，收集大家关于新学期目标方面的资料，洗抹布，搬凳子，脏活儿、累活儿都抢着干。组员们都夸宁宁“原来这么勤快”。其他组员也积极地发挥自己的特长，有的绘图，有的修订文稿，有的完成书写，多商议，善合作，互相鼓励和帮助，相处得其乐融融。

第一期板报终于问世了！板报上，有学生关于体育锻炼、写字水平、学习成绩等方面的成长目标，配以扬帆远航的船、闪亮的灯塔、展翅飞翔的雄鹰等插图，传递着大家新学期奔向新目标的决心和信心。

我非常满意地对大家说：“表扬第一板报小组，给大家开了一个好头。以后每期板报工作，全权由各个小组负责，人员调配、任务分工、时间安排，请各小组长负起责任。”我赞许地看着宁宁说：“以后，请宁宁和宣传委员一起来当板报‘消防员’。各组在办板报的过程中遇到的特殊问题，都可以找他们想办法解决。”宁宁爽快地答应了。

各个板报组轮流参与，定期更换板报内容，每一期都各具特色，办板报真正成了大家的事。更让我惊喜的是，宁宁不单在办板报时乐于出谋划策，在班级举办其他活动遇到困难时，他也主动参与、积极想办法。在同学们的表扬和鼓励中，宁宁越来越热心了……

办板报，人人都有份！每个学生都是一盏明亮的灯，都在寻找点燃自己的机会。听懂他们内心的声音，满足他们合理的需求，给他们一个机会，我们就会收获一个奇迹！

我是餐桌长

开学初，我班将“文明就餐”定为培养学生良好习惯的经典项目，并明确提出了“安静、轻缓、干净”的具体目标。之前，大家一直将午餐时间视为放松时段，习惯了边吃边聊的无拘无束和只管吃好的无牵无挂，现在突然提出了就餐纪律，大家十分不适应。那么如何推行才有效果呢？

当我看到教室门口的流动红旗时，一下子来了灵感：订制文明餐桌奖励牌，用小组评价的办法激励全员的积极性。全班共36人，平均分为6组；每组一位餐桌长，负责为组员分餐，并提醒大家在出入餐厅、分餐和用餐时做到安静、轻缓，餐后带领组员收拾餐具、清理桌面。哪个小组在整个就餐过程能做到“安静、轻缓、干净”六字目标，我就将文明餐桌奖励牌放到哪个小组的餐桌上，以资鼓励，以示光荣。每周五汇总，获得奖励牌次数最多的小组可以得到如下奖励：优先进餐厅、全组拍合影、发小红花……这样一来，学生文明就餐的积极性一下子就提高了。

组内表现好的学生可以轮流当餐桌长，每人一周，人人都有为大家服务的权利和义务。我们设计了餐桌长袖章，上面印上了校徽和“餐桌长”三个大字，佩戴在胳膊上代表着一种神圣的责任。这种制度得到了大家的一致赞同，全班立即掀起了“好好表现，争当餐桌长”的热潮。

今天午餐的主菜是卤鸡腿和小油菜。以往，许多学生还没有落座，先来的贪吃的学生就将鸡腿抢到了自己的餐盘里，最多的能吃六七个。没有吃到或没有吃够的学生就挤到窗口要，餐厅里人来人往，一片混乱。而许多餐桌上的小油菜却整盘整盘地剩在那里，无人问津，让人觉得非常可惜。学生挑食、浪费蔬菜的坏习惯亟待纠正。新的制度推行以后，学生能否自觉规范自己的言行呢？

进入餐厅前，各个小组整齐列队。有的餐桌长很有办法，先组织组员背诵古诗《锄禾》，之后方可依次进场，巧妙地进行了整齐有序、节约粮食的餐前教育。有的餐桌长很有创意，先组织大家集体研究手势语言，如拳头代表馒头，手背代表米饭，一根手指代表荤菜，两根手指代表素菜，手心代表汤，并让大家尽量用手势语点餐，保持了就餐的安静。学生的点子真多，远远超出了我的想象，令人惊喜。

各小组安静入座。第三组的餐桌长站在中间位置，小心翼翼地依次给大家分饭、盛菜和舀汤，鸡腿每人两个，蔬菜每人一勺。组员们静静地端坐在座位上，一一点头感谢餐桌长的热心和辛苦。分餐完毕后，大家集体开动，不再有平时的散漫和吵闹。有人将鸡骨头随意放到了桌上，餐桌长忙用眼神提醒他收拾到餐盘的空格里；有人忘了规矩，刚喊出“老师——”邻位的学生忙伸出食指竖在嘴巴上，轻轻地发出“嘘”的声音……这种景象，十分礼貌和优雅。我没有想到他们的集体意识竟然如此强，真让我有些惊讶。

“老师，我们小组用餐完毕。”我循声望去，第三小组的餐桌已被擦得干净如初，地面整洁没有杂物，餐盘、碗筷也已收拾完毕。我开心地竖起了大拇指，立即把文明餐桌奖励牌竖在了他们的餐桌上。这组学生坐得更直了，一脸的自豪。

其他小组的餐桌长看到了，忙用手势提醒自己组的组员不要落后。只见组员之间分工明确，配合默契，你去送碗筷，我去送餐盘，他来收拾餐桌。不到三分钟，其他几个小组也陆续收拾完毕。对于收拾干净且做到“光盘行动”的小组，我一一颁发了文明餐桌奖励牌。

良好习惯的养成是一项十分具体的工作，需要长期坚持，其中细致的过程性评价和及时激励是关键。一天过去了，两天过去了，一个月过去了，两个月过去了，我们坚持每天奖励优秀，树立榜样，每周汇总，积累经验，营造争先创优的氛围。学生在轮流扮演餐桌长和被管理者的角色的过程中，不仅学会了管理和服务他人，更学会了约束自己。小餐桌，大修养。天长日久，学生逐渐养成了安静就餐、优雅做事的好习惯，这种精神财富远远超过了一日三餐本身的意义。

班级值日那些事

安排学生值日是一件很费脑筋的事。

首先是学校集体活动多，上课之余，根本没有值日的时间。课间操时间整理教室吧，班主任带学生去做操，值日生留下劳动，要么效率低，要么打扫干净了，做操的学生一回教室，地板立即变成了“大花脸”。下午放学后整理教室吧，走读生和午托生需要乘校车回家，上车时间不能拖延；日托生和周托生需要随生活教师参加各种课外活动。午餐或午休时间做值日，肯定也不合适。

其次是低年级学生天性活泼爱动，总是将值日当作随性撒欢的机会。明明10分钟就可以完成的任务，他们能折腾半个小时，这还不算完，扫地仿佛龙卷风，拖地就是舞大龙，真是既没有质量，也不讲效率。

经过与其他班主任的交流磋商，我们决定从明确最合适的打扫时间开始，从培养学生高效的保洁能力开始，尽快改进班级值日这件事。

大家盯着作息时间表，终于发现了每天值日的黄金时间：一个是早读10分钟，另一个是下午两点半开始的自主阅读20分钟。一是因为这两段劳动时间都有节点，学生值日时就能加快节奏，自觉增强时间观念；二是在辅导老师和同学们面前，值日生都会有一种好好表现的心理，能自觉提高服务质量；三是在这段时间中，其他学生都有具体的学习任务，不会出出进进，因而不会影响保洁效果。另外，周五班会课留出10分钟为大扫除时间，彻底清理卫生死角。

如何提高学生的保洁能力呢？首先，按男生和女生搭配的原则，把全班学生分为6人一组，组内个子高的男生负责拖地，个子矮的男生负责扫地，女生负责清理黑板、整理书柜、浇灌花草等，每组当值一周。其次，发动家长手把手地指导学生学做家务，如如何用扫把由里往外扫地，如何扫桌子之间的缝隙，如何使用撮斗撮垃圾，如何涮拖把，等等。另外，利用班会时间，组织“劳动能手大比拼”活动，让会劳动的学生担任“小老师”，帮助其他同学在实战中巩固基本要领。

刚开始，学生操起扫把和拖把干活儿，那是“胡子眉毛一把抓”，异常笨拙。我不急不躁，没有指责和批评，而是欣然接纳并耐心示范。“小老师”也不时提出表扬：“桌缝扫得真干净！”“瓷砖擦得真亮！”“卫生工具摆得真整齐！”

同时，我悉心锻炼劳动委员和小组长的工作能力，要求他们做到每周一提醒本周由哪个小组负责值日，每日检查劳动工具的摆放情况和放学后门窗、饮水机的关闭情况，每月评选出值日既麻利又干净的优秀小组和个人。同时，有意识地培养全体学生的保洁意识，包括垃圾要扔进垃圾篓里，爱护别人的劳动成果，不给别人添麻烦……

在此过程中，我全程陪同，及时给予学生认可和鼓励。学生在宽松的氛围中学会了劳动，懂得了整洁的环境是用辛勤的汗水换来的，体验到了整洁的环境给自己的身心带来的愉悦。如果哪个学生在课堂上犯了错，我们便取消他一次值日资格，将值日资格奖励给表现好的学生，以此传递“劳动最光荣”的价值观。

经过一段时间的专项练习，我每天都能看到这样的景象：早上，学生端坐在座位上，教室里书声琅琅。值日生们宛如一只只勤快的小蜜蜂，先是有学生擦黑板，浇花，扫地；接着，洗好拖把的学生开始拖地……10 分钟不到，卫生工作全部搞定。一切都是那么井然有序，到处都洋溢着无限美好的气氛！下午阅读时分，学生的配合更是默契。你读书，我服务；书读好了，教室也更温馨优雅了。没有了懒散局面，没有了安全盲点，更避免了费时无效。

在学生还没有形成不良的卫生习惯时，就有意识地引导他们热爱劳动、随时保洁，效果会非常好。如今，无论何时你走进我们的教室，总能看到地面干干净净，桌椅整整齐齐，鲜花绿植生机勃勃，物品摆放规规矩矩，处处焕发着整洁、温馨的气息。

班会“变形记”

“我们班里有一位‘早读之星’。每天进班后，他总是自觉开始早读，为一天的学习开一个好头，他就是谢子轩同学。希望大家向他学习！”

“我表扬的这位同学，他可讲礼貌了！每次不小心打扰了别人，他都会说声‘对不起’；接受别人帮助的时候，他总会诚恳地跟对方说声‘谢谢’。他真是我们班的‘谦谦君子’！大家猜猜他是谁?”

“我们班上，谁的桌子收拾得最干净？而且，她还经常帮着打扫教室里的卫生角、收拾讲桌。对，她就是我们的‘卫生天使’司紫菡同学。她的这种好习惯值得我们学习！”

“本周，有两位同学发生了矛盾，程前豪同学主动站出来为他们做调解。程前豪同学这种不怕麻烦的热心肠，值得大家称赞。”

小组长们绘声绘色地讲述着一件件发生在身边的好人好事，还邀请被表扬的学生一一登台，现场接受采访。“一日之计在于晨。老师说过，勤奋是一种品质。”“教室干净了，大家学习的心情就会很好，我也很快乐。”……这就是身边的榜样，鲜活、生动！台下的学生听得津津有味，不时报以阵阵热烈的掌声。

这不是事迹表彰会，也不是期末颁奖典礼，而是我们班每周一次的常规班会活动。谁也不会想到，这些刚刚二年级的小学生，竟然学会了及时捕捉身边的好人好事，并在台上落落大方地讲出来。传递这些正能量，既增强了学生善于发现别人优点的意识，也正面强化了优秀学生的荣誉感，还激励其他学生不断修正自身行为，可谓一举多得。

看着眼前这一幕，当初班会的情景又浮现在我的眼前。

一年级的时候，每周的班会是最让我头痛的。一年级的学生刚从幼儿园踏入小学，谈及本周事情，他们总是忘得一干二净，所以很多时候，班会成了我的“独角戏”：先总结一下大家一周内的表现，说说哪些优点需要总结和发扬，哪些不足需要提醒和改进，然后表扬一下综合积分高的学生，提醒扣分比较多的学生。由于时间限制，不可能对每一个学生都做到具体评价，于是，没有被表扬或批评的学生，感觉不疼不痒，似乎这场班会根本与他们没关系。

如何改变这千篇一律的班会形式，吸引学生积极参与其中，使学生真正成为班会的主角呢？

经过长时间的观察与思考，我发现这个年龄段的学生对故事特别感兴趣，那何不将故事融于班会之中，让愿意上台发言的学生讲述本周真实发生的、值得大家学习或反思的人和事，以此为主要内容组织班会，树立良好榜样，弘扬班风正气？这样，学生一定会更感兴趣，也更容易达到预期的教育效果。

班会“变形”后，学生开始有意识地关注身边的人和事，开始发现生活中的真善美，并主动与同学和家长分享。而今的班会课，不再是原来的“西瓜、芝麻总结会”，也不再是令人提心吊胆的“批判会”，而成了大家都期待的“正能量发布会”！

更重要的是，学生在一次次的调查与汇报中，学会了感动，锻炼了表达能力。同时，他们欣赏着优秀学生的良好品质，自觉规范着自己的行为。

在这样的成长环境中，所有学生都在努力展示着最好的自己，我也欣喜地看到了他们的点滴变化：早晨铃声未响，已经听到书声琅琅；进教室里一看，作业已经收齐，值日生正在安静地值日；课间，随意奔跑喊叫、乱丢垃圾和踩草丛的现象越来越少；翻开学生的作业本，字里行间流露出认真的态度……

将主持进行到底

每天下午的阅读时段，教室里静悄悄的，每个人手捧一本自己喜爱的课外书，沉醉在书本中，浸润在书香里。瞧，学生或小脸通红，或眉头紧锁，或神采奕奕……

好书需要分享，思想需要碰撞。我计划组织一次读书沙龙活动，让大家畅谈读书收获，交流读书感受。

但第一次读书沙龙，找谁来做主持人呢？

“老师，还是您主持吧！我们哪会主持呀！”学习委员为难地说。

“不。”我坚定地说，“你们长大了，所有的事情都要试着去做做看，我相信你们一定能行！”

“老师，您说让谁主持呢？”

“我不指定人选，你们自己来组织读书沙龙吧。我来做嘉宾，最后为优秀选手颁奖。”

全班学生愕然！几分钟过去了，教室里依然静悄悄的……中队长坐不住了，站起来大声说：“谁愿意主持？谁来试试？”没有人回答。平时最活跃的耿中明有点儿急了：“那就自己给自己报幕，不就是在汇报之前说一段话嘛，有什么难的！”“我也自己来报幕！”“我也愿意！”班里的大部分学生都同意耿中明的提议，只有几个很羞怯的学生，面露难色，犹豫不定。

“我帮张倩倩报幕！”“我帮胡一柯报幕！”……

学生真热心，很快，所有的人都有了报幕员。

“好！”班长说，“报幕员有了，咱们来排排汇报的顺序。谁愿意打头？谁想收尾？”

本以为是很简单的事情，真没想到竟然这么麻烦！一些学生开始发愁了。

“三个臭皮匠，顶个诸葛亮。我建议推荐一些学生组建一个筹划团，大家一起商量活动的细节。”我适时“挺身而出”，积极扮演帮助者的角色。

筹划团成立了！成员中有几个班干部，也有一些有舞台经验的学生。当然，什么活动都不会落下的耿中明也在其中。课间，他们聚在一起商量开了。“不知道他们都为活动做了哪些准备。”我心想，“试试吧，即便搞砸了，也没有关系。”

周五活动时间，我一进班，就发现教室里焕然一新。课桌由原来的秧田式变成了小组团坐式。黑板上写着“读书沙龙”几个大字，特别醒目，旁边还画了几本书。讲台上精心粘贴了五颜六色的气球，营造出浓浓的活动氛围。

上课铃一响，班长上台做了简洁的开场白，正式拉开了读书沙龙的序幕。大家轮流做主持人，尽力为别人精彩报幕，连平时胆小的胡一柯也站出来了！人人上台，主持风格迥异，有的温文尔雅，有的诙谐幽默，有的羞涩低语。值得一提的还是最热心、最活跃的耿中明，无论是当主持人，还是进行读书汇报，都声音洪亮，神态自如，尤为亮眼，大有舞台风范！

一次小小的读书活动，让这些学生有了展示自我的舞台。至于他们主持得是否老练，活动组织的环节是否紧凑，都没有关系。最关键的是，学生学会了策划，敢于在公众面前展示自己，愿意与大家分享自己的读书收获，这就是最大的胜利。一次尝试，让我坚定了信心：以后的所有活动，都可以让他们将主持进行到底！

“懒”老师，“勤”学生。这样的“懒”，是一种教育智慧，唤醒了学生内心最积极的自己。如何唤醒呢？凡是学生能自己完成的事情，坚持老师少说一点儿，学生多说一点儿；老师少表现一点儿，学生多展示一点儿；老师主动弱一点儿，学生自主强一点儿……

运动会总动员

一年一度的学校运动会，是全校师生翘首盼望的盛事。

美中不足的是，每次运动会上，能有机会代表班级参赛的只有少数运动员，大部分学生被安置在观众区，不能乱跑，他们或看书，或有一句没一句地喊几声“加油”，或有事没事地跑一趟卫生间，趁机溜达溜达……这些学生因为参与的项目较少或者没有项目，总是兴致不高：“徐老师，运动会真无聊！”

“无聊？我都忙死了！”运动会前，我要挑选队员，组织项目训练，还要组建啦啦队、服务队，培训宣传员、观众席秩序监督员和卫生员，运动会当天要组织方阵入场、学生参赛……事务千头万绪，忙得我团团转，恨不得长出三头六臂。几天下来，我的嗓子疼得冒烟，双腿沉得像灌了铅，浑身像散了架。即便如此，还是有许多考虑不周的地方。

今年的运动会，我得让这班学生都参与到其中，给我帮帮忙。动员会上，我非常诚恳地向学生示弱："运动会上的事情太多了，我一个人忙不过来，我需要大家的帮助。你们是三年级的学生了，能不能来试一试，替老师分担一些呢?"

"老师，没问题，您尽管吩咐!"中队长率先表了态。

"我也愿意试试!"学习委员说，"老师，我是运动员，没有比赛项目的时候可以做宣传员，我写好人好事的稿子最拿手哦!"

"我没有比赛项目，可以做服务员，为大家送水、送加餐!"生活委员也是好样的。

"老师，我做项目提醒员，绝对不让运动员落下一个项目。"许多学生争先恐后地毛遂自荐。

"运动会上那么多事，哪一项都不能含糊，你们做不好怎么办?"我故意出难题。

"我们一起想办法，分好工，您就放心吧!"

运动会开战在即，学生马上行动起来，从详细的分工开始准备。参赛集训组，刻苦训练比赛项目，努力争取好成绩；方阵排练组，设计入场方阵的队形、道具、口号，进行赛前排练；项目提醒组，提醒运动员参加比赛的时间、地点；宣传组，把在运动会上看到的、听到的值得表扬的事情写成通讯稿，送到广播站；摄像组，拍摄感人的精彩瞬间，发送到班级群里分享；后勤保障组，领取加餐，送水，整理运动员的衣物；卫生监督组，负责观看场地的秩序和保洁，做好善后清理工作。七个小组，组长和组员的具体任务都列在一张表格中，清清楚楚，明明白白。

所有学生都明确了自己的职责后，参与的积极性马上被调动了起来。赛前准备、入场方阵排练，忙得不亦乐乎，有的学生还邀请了家长来做指导员。

众志成城。这次运动会，我们班收获了不一样的美好瞬间：开幕式上，我们班的入场方阵经过主席台前时，突然变换队形，摆出了一个大大的旗帜图案!"（4）班（4）班，非同一般，自立自强，步步领先!"响亮的口号直冲云霄，赢得了大家雷鸣般的掌声。啦啦队的学生制作了一幅巨大的海报，为运动员加油呐喊。负责后勤服务的学生，照顾运动员，端茶送水，跑前跑后，不辞辛劳。负责场地保洁的学生，个个都是勤劳的“清道夫”，运动会期间每天都忙碌到最后一刻……

每一个学生都忙前忙后，成了这场运动会的主角，一扫原来无所事事的状态。倒是我，稳坐“中军帐”，一心只做运筹帷幄的总指挥。

活动结束，应先及时总结，论功行赏；再反思，收获经验，吸取教训。因此，运动会一结束，我们马上召开了总结表彰会。

首先，我非常感动地肯定了学生在运动会中的出色表现：“因为有了你们的主动担当，因为有了大家的勤快能干，本次运动会很圆满，我感到了从未有过的轻松，谢谢你们，你们辛苦了!”

“长江后浪推前浪，学生把老师拍在了沙滩上，嘻嘻嘻!”体育委员很应景的一句玩笑，逗得我们痛快地大笑了一场。

然后，大家结合自己在运动会中的表现展开自评、互评，评选出了本届运动会的突出贡献奖人选，获奖者发表了获奖感言，学生兴奋地畅谈着付出后的收获、下次努力的方向……

这次运动会，因为每一个人都有了主体意识和责任感，才呈现出了一派“全民总动员”的繁荣景象。

不一样的春游

“唐朝诗人白居易在诗中写道‘逢春不游乐，但恐是痴人’。大诗人在草长莺飞、繁花似锦的三月游春赏景，往往诗兴大发，文思泉涌。今年，我们也会选择春光明媚的日子到郊外踏青。你们有什么打算呢?”我饶有兴致地问。

“老师，今年的春游地点能不能由我们来定?”生活委员李鸣凯提议。

“我们可以去方特欢乐世界……”

“现在郁金香开得正旺，去人民公园才有意思呢！”

学生叽叽喳喳，争论不休，我示意他们安静下来。“你们推荐的这些地方都不错。请生活委员组织大家根据各自的意向组建小队，并推选出小队长。请各小队围绕春游地点收集资料，说明景区亮点，整理出一份《二年级（4）班春游地点建议书》。下周一，我们投票决定今年的春游地点。”

话音刚落，学生便三五成群地讨论起来。自由组队、拟写建议书、投票选地点，这些新鲜而有趣的招数，激发了学生极大的兴致。

周一，我刚进教室，李鸣凯就把一沓建议书摆到我面前，迫不及待地说：“老师，这是各小队的建议书。我们组织投票吧！”

“本学期二年级（4）班春游地点投票活动现在开始。请各小队阐述推荐理由，时间为两分钟。”李鸣凯宣布道。

“我们‘豪气冲天’队推荐的春游地点是西流湖生态公园。它属于城市生态公园，园内水域面积大，树种多……”林子豪侃侃而谈。

“现在正是海棠花盛开的时节，赏海棠当然要去碧沙岗公园了，那里……”“妙语连珠”队代表王琳达边说边展示海棠花盛开的照片。

“春游哪里去？要去就去黄河富景生态世界。这里集旅游观光、休闲度假、无公害种植、水产养殖、科普教育于一体……黄河富景生态世界，三月春游非它莫属。”“意气风发”队代表佟青绘声绘色地介绍道，再配以精美的课件，一下子吸引了大家的眼球。

……

“经过投票，‘意气风发’队推荐的黄河富景生态世界胜出。”揭晓答案的那一刻，所有学生都露出了开心的笑容。

在这次春游地点投票活动中，我发现了许多人才：有的善于组织协调，召集大家报名，进行任务分工，很有魄力；有的善于完成一些精细任务，如上网查资料、制作课件，非常认真；有的善于语言表达，在汇报交流方面非常出色；还有的善于做一些后勤服务工作。于是，我突发奇想：不如将这次春游活动的组织权交给他们，看看他们的能耐到底有多大。

“走，走，走走走，我们小手拉小手，走，走，走走走，一同去郊游……”学生唱着欢快的歌，来到了黄河富景生态世界。

临下车前，中队长再次向大家宣布了活动纪律：“在景区统一活动中，大家要服从景区教官的指挥，中队长和生活委员做好组织、协调工作。小队活动期间，各小队长要安排好向导、摄影师、安全员、保洁员等人员分工。下午两点半，我们在中心广场集合上车。”

林中寻宝、独轮车运水、世纪穿越……各小队长带领自己的队伍有序地参与每个活动。小队行动，无形中唤醒了小队长的神圣责任感，也增强了队员们的团队意识。大家比往日默契了许多，亲近了许多。“走了，快赶上。”“来，我来背包。”“大家快来合影!”没有了曾经的拥挤，多了几分谦让；不再只关注自己，遇事不忘想着他人。

需要转换场地的时候，生活委员李鸣凯总会提醒各小队安全员清点人数，并反复强调注意事项。我在队伍后面，不担心哪个学生掉队，不耽误欣赏美景，完全没有了往日的手忙脚乱。

各小队的自由活动创意十足，大家玩得不亦乐乎！瞧，“妙语连珠”队举办了热闹的派对，大家尽情分享各自带来的食物和玩具；“一鸣惊人”队玩起了“撕名牌”游戏，个个满头大汗；“意气风发”队是“照片控”，摆出各种姿势，记录每一个美好瞬间；“豪气冲天”队正在玩碰碰车，尖叫声和欢笑声响彻云霄……

以往外出活动时，我是总指挥，号令“千军万马”，集售票员、讲解员、指导员、安全员、摄影师数职于一身，凡事亲力亲为，不时拽拽这个，扯扯那个，絮絮叨叨，总怕出岔子。一天下来，我的嗓子喊哑了，累得腰酸腿疼。

这次春游活动取得成功的关键，是学生拥有了充分的自主权。他们可以真正参与到活动的策划、组织过程中去，尽情发挥自己的主观能动性，把一些独特的想法付诸到实践中，不但乐在其中，还锻炼了分工合作的能力，培养了集体意识和团队精神。

我为中队代言

临近期末，大队部通知各中队长尽快整理本学期的中队活动总结，并做好准备代表班级在学校中队活动汇报会上发言。

二年级的学生，刚刚学习写话，能把中队活动总结写好吗？带着几丝担忧，我召集中队长闫书玉和其他中队委员，一起商量中队活动总结和汇报工作的具体事宜。

一开始，大家有些迷茫，不知从何下手。“咱们先来回忆一下这个学期我们中队开展了哪些活动吧！请学习委员做好会议记录。”我提出了一个启发性问题。

“这个学期，我们重点开展了‘献爱心，争当文明使者’主题活动。”副中队长抢先回答。看到他对班级主题活动烂熟于心，我微笑着点点头。

“‘为校园添一抹新绿’活动。”“郊游义务劳动。”“跳蚤市场义卖。”……大家你一言我一语，亲身经历过的一项项活动使清单越来越完整了。接下来，我们开始细化每项活动的具体内容，力求使叙述的语言简洁而又生动，将每一项活动都像一颗颗珍珠一样穿成美丽的项链，将所有的活动像一幕幕电影一样在我们眼前精彩回放。

中队总结稿完工之际，我轻声问：“孩子们，以往许多中队代表汇报班级活动时，都是拿着稿子照本宣科地念一遍，感觉干巴巴的，很枯燥。大家想想，还有没有更好的汇报形式？”

大家先是一愣，而后你瞧瞧我，我瞧瞧你，都在使劲想办法。

“老师，平时语文课上您总是用课件展示一些图片、视频，我们看得津津有味，学起来也很有兴趣。我们能不能把平时的活动照片也做成课件呢？”闫书玉提议道。

“制作课件，同步播放，真是好主意呀！”我兴奋地朝她竖起了大拇指，“咱俩想到一块儿了！”

我们班的“电脑高手”乔永健和他的爸爸主动接下了这项任务，从定模板、找图片、编辑文字，到插播视频、配音乐，仅仅用了两天，我们班的中队活动汇报课件便大功告成。

学校中队活动汇报会的日子到了。中队长闫书玉和助理乔永健参会前，同学们纷纷为他们鼓劲加油：“闫书玉，发言时一定要自信哦！”“闫书玉，你今天打扮得真漂亮！”“乔永健，一定要配合好闫书玉的发言哦！”……我轻轻地拍了拍两个人的肩膀，鼓励地说：“你们是我们‘尖尖小荷’中队的最佳代言人！”

闫书玉微微一笑，说：“放心吧！”乔永健向大家敬了个队礼，对我调皮地、脆生生地说：“Yes，madam！”然后，昂首阔步地走进了会场。

“有请二（4）中队的代表发言。”主持人热情地发出了邀请。

闫书玉胸有成竹地走上主席台，站定后开始朗声汇报：“尊敬的老师、同学们，大家好！我是二（4）中队的中队长闫书玉。这一学期，我们中队开展了丰富多彩的‘献爱心，争当文明使者’主题活动，下面逐一向大家汇报……”她娓娓道来的同时，一幕幕活动情景在大屏幕上呈现：我们一起去植树，回收废旧塑料，看望孤儿院的儿童……回味着与学生在一起的开心时刻，看着台上落落大方的闫书玉和沉着稳重的乔永健，感动于学生纯真善良的心灵，我的心里荡漾起甜甜的幸福感。

在一片热烈的掌声中，闫书玉和乔永健迈着轻快的步子走回座位。我向他们竖起了大拇指，他们两个人会心一笑，不由得激动地击掌庆贺。

最后，大队辅导员刘老师非常满意地说：“同学们，今天，我听了各中队的发言，十分感动。本学期，各中队的活动开展得非常精彩，而且有意义，效果好；中队代表汇报发言有重点、有条理。老师为你们感到骄傲，你们是中队最好的代言人，也是学校的最佳代言人！”

鸟笼里飞不出雄鹰，花盆里长不出苍松。细思量，学生的潜力是无穷的。教师要相信学生，利用一切契机，最大限度地激发学生的潜力，为他们提供实践、锻炼的机会，就会收获意想不到的惊喜！

一个都不能少

午后的阳光一片柔和，我沏上一杯玫瑰花茶，感觉很惬意。

突然，门外响起了轻轻的敲门声，中队长进来汇报：班里的两个学生发生了矛盾，纪律班长调解过了，两个人已经和好；程前豪下楼时不小心摔了一跤，腿上蹭掉了一块皮，小组长已经扶着他去医务室处理过了……我拍了拍中队长的肩膀，由衷地夸赞道："处理得好！你们真是老师的好帮手。"

以前做班主任，每天除了备课、批改作业，坚持教研学习，还要负责学生在校期间的所有事务，学习习惯、心理问题、人身安全、冲突矛盾，林林总总，千头万绪，状况不断，令人焦头烂额。我校倡导教师要关注每一个学生，促进每一个学生的自主发展。我曾经异想天开：如果自己是孙悟空就好了，拔一把毫毛变出一群小猴子，各司其职，帮我一一摆平这些事情，那该多好啊！

后来，我又进行了深入的思考。很多时候，学生更容易受同龄人的影响，同龄人的影响远远好于成人的说教。因此，班级管理光靠班主任一个人绝对不行，应该发动每一个学生！无论是学习、生活还是组织活动等方面，教师都可以放手让中队委、小组长来负责一些事情，通过小组之间的评比与竞争，督促所有学生自觉合作、互相帮助，及时处理班级事务。这样，每个学生都是班级的主人，不就像是有无数个班主任在操心、做事了吗？

因此，我决定采用小组合作的办法实现同伴互助，将全班学生按照性格、兴趣、习惯差异等因素分为 6 个小队，小队长竞选上岗。"老师，我们小队起了个队名——雄鹰小队！"马上，梦想小队、博雅小队、启航小队、书香小队、阳光小队纷纷问世。

“康硕，你的数学错题订正完了吗？我帮你看看。”一下课，启航小队的小队长就“盯”上了有拖拉毛病的队友。康硕急忙收住脚步，乖乖地掏出数学练习册开始订正错题，不敢拖大家的“后腿”。

“表扬书香小队、博雅小队和阳光小队，今天的作业一本不落，错题全部订正完毕。”听到我的点名表扬，这些小队的队员欢呼雀跃起来，比拿了大奖都高兴。

自从成立了互助小队，队员之间在课堂学习、课间活动和家庭作业等方面互相鼓励，相互提醒，及时改正不足，自发而紧密地“捆绑”在了一起。每个学生既是团队的成员，也是维护这个团队集体利益的队长。每周的班会课，各个小队争先恐后地介绍小队建设成果，大家相互分享成功经验。我们还定期评选出优秀小队和个人，并给予馈赠图书、体验趣味活动等奖励。

慢慢地，我将班级的大小事务全部移交给学生打理，小到平时的早读、值日、路队、加餐、课间操等常规工作的安排与检查，大到运动会、六一儿童节、春游等大型活动的策划与组织，一律放手让学生去经历、锻炼。

一段时间过后，学生开始养成良好的行为习惯，学习表现和管理能力等有所提升，他们的主人翁意识更强了，同学之间的关系也越来越融洽，班级的凝聚力和向心力也都达到了前所未有的高度，我们班荣获学校流动红旗的次数越来越多。

一次，我因为颈椎病住院了，他们依然按部就班地处理好各种事务，上课、做操、午餐、路队等活动，一项都没有落下，课后还轮流来照顾我。代课老师说：“你们的学生真能干！你在与不在，一个样！”我倍感欣慰。

全班 6 个小队，就有 6 个优秀的成长共同体；6 个小队，形成了一个学风浓、班风正的优秀集体。改原来的个体评价为小组团队评价，极大地激励着每一个学生努力做最好的自己，确保了全员行动一个也不掉队。当然，我也腾出了大量的时间安心研究教学和学生，成了最“悠闲”、最从容的班主任。

厉害了，我的班

我读师范学校时，同学们都喜欢教心理学的张老师。这不仅是因为张老师的课上得生动幽默，关键是张老师总是发自内心地表扬我们：“（5）班学生的课前歌声最洪亮、最好听！”“（5）班学生上课听讲最认真！”“（5）班学生的作业交得最齐！”“我最喜欢给（5）班上课！”……因此，每次心理学课前，我们都怀着期待的心情早早地走进教室；每次心理学课上，我们没有一个低头练字或看小说的，人人都专心听讲；每次的心理学作业，我们都一笔一画地书写，期待张老师那热情而真诚的夸奖。

有一天，我们才恍然大悟——不单单是我们（5）班，整个年级的所有班，都是张老师的“最爱”！投之以桃，报之以李。所有学生都特别喜欢张老师，并且都没有辜负张老师的厚爱，个个爱上心理学课，次次考试成绩优异。

后来，我才懂得这就是著名的罗森塔尔效应——说你行，你就行，不行也能行！张老师的“权威性谎言”产生了积极的暗示作用，使我们坚定了信心，并不断规范自己的言语和行为，变得更加自觉、自爱、自信，从而各方面都得到了不同寻常的进步，实现了我们的行为表现与权威的热切期望趋于一致的神奇教育效果。

张老师的做法让我深受启发。从我第一天登上讲台开始，我就决定积极效仿，不断地把自己对学生的热切期望传递给他们。

早读时，初升的阳光从窗外洒进教室，一切都是令人欢欣的样子。卫生委员负责安排值日，领读员在讲台上有板有眼地领着大家读书。听着学生美妙的读书声，看着整洁的教室，一丝欣慰涌上心头，我自豪地对大家说：“执勤老师夸我们班的早读秩序最好，卫生最整洁！”学生坐得更直了，读书更投入了！

放学时，踏着落日的余晖，我夸张地把大拇指竖给学生，骄傲地说：“许多家长都夸我们班的路队走得最整齐！”学生走得更加有模有样了，连平时很调皮的学生也乖乖地走得笔直。

举行运动会时，我自豪地告诉大家：“我们班的观众席，秩序最好，场地最干净！”全班学生越发遵守纪律，有的学生还主动弯腰捡拾脚下的垃圾。

升旗仪式后，我振奋地总结：“大队部夸我们班学生总是听得最认真，你们是我的骄傲！”

期末考试后，我悄悄地向学生汇报了我的“重大发现”：“我翻阅了整个年级的试卷，我们班学生的书写最认真，普遍做到了卷面整洁，希望你们继续保持。”

春游离园前，我很满意地对大家说：“公园里的保洁阿姨夸我们爱护花草，不大喊大叫，午餐后将包装纸、水果皮等垃圾收拾得干干净净，说我们班是她见过的最好的班！”

每次得到这种积极的称赞，学生就乐开了花，一双双眼睛透着自信的光芒。渐渐地，罗森塔尔效应果然发挥了神奇的暗示作用，每一个学生都在朝着我期望的方向努力着，奇迹出现了：有的学习成绩进步了，有的养成了良好的学习习惯，有的性格变得开朗起来，还有的爱上了读书……

一次歌咏比赛，我们班得了二等奖，大家不免有些垂头丧气。为了给学生加油鼓劲，我依然非常满足地告诉大家：“这次比赛，大队部老师说，我们班的学生校服穿得最整齐，没有任何混搭现象，尤其是女孩子梳的小辫儿，真好看！评委老师说我们班学生的精神面貌非常有朝气！希望大家继续保持。我很满意，尽力就好！”

在这种“我们班是最棒的”积极评价的影响下，我们班的学生每天都充满了朝气，班风正，学风浓，走进教室，总是一派井然有序的景象。各学科老师上优质课、教研课、达标课或考评课，都愿意用我们班学生，这是对我们班、对我这个班主任最大的褒奖！我一次又一次情不自禁地为我班的学生点赞："厉害了，孩子们！厉害了，我的班!"

我常常响亮地对学生说"我们班是最棒的"，积极传递着强烈的正面信号，就是为了将其凝练为对学生的一种长久的心理暗示，并将其慢慢内化为他们的行为规范与集体意识，让最优秀的班级诞生！

第三章 自主服务，小活动大收获

自主服务，就是唤醒内心的童真，坦然接纳自己，心中常念他人，眼中常有美好，感恩身边的一切，不动声色地乐于助人……

因此，孩子从小懂得自主服务，有怜悯之心，有仁爱情怀，自觉做到心中有他人，关爱师长、父母和同学，主动为他人、学校和社会做事，将来就会成为一个有人情味的人，就会拥有幸福的人生。

来，我们坐同桌

我接班不久，一个叫李子昂的男生就引起了我的注意：上课时，老师在前面讲课，他在下面时不时地接茬儿，逗得同学们哈哈大笑。屁股总是在凳子上扭来扭去，一不留神摔上一跤，又惹来一阵哄堂大笑。下课不过几分钟，就有好几个学生来投诉："老师，李子昂把我的橡皮抢走了。""老师，李子昂把我推倒了。您看，我的胳膊流血了。""老师，李子昂给我起了个外号。"……开学不到三周，他的同桌就换了两个。

李子昂的第一个同桌是周睿琪。一天，周睿琪妈妈打电话说，孩子一回家就哭了。原来数学课上，周睿琪回答问题时说错了，心里正难受，李子昂却奚落她说："你真笨!"周睿琪更加伤心了。周睿琪妈妈请求说："老师，能不能给我家孩子换个同桌?"

李子昂的第二个同桌是任雅馨。一天早上，一向学习踏实的雅馨却怎么也找不到英文作业本了。直到老师批改作业时，认出了雅馨的字体，才弄明白：原来是没有写作业的李子昂把雅馨的作业本改成自己的名字交了上去……这一下，雅馨怎么都不愿跟他一起坐了。

因为他的种种"恶劣"表现，其他学生都不愿意和他坐同桌，他只得自己一桌了。看来，我需要出招帮帮他了。

第一招，"晾一晾"再"抱一抱"。

一次口语交际课的题目正好是"我的同桌"，要求学生说一说自己的同桌给自己带来了什么帮助和快乐。我发现，落了单儿的李子昂顿时没有了昔日生龙活虎的劲头儿，一言不发地坐在那里发愣。我趁机将自己的办公桌搬到了他的身旁，轻声说："来，我们坐同桌，你就说说我吧。"被解了围的李子昂感激地朝我笑了笑。

第二招，给台阶，找优点。

班会时间，我提议大家重新排一下座位，教室里顿时热闹起来。大家都很兴奋，有的想和最优秀的同学坐同桌，有的想和自己的好朋友坐在一起，没有人朝李子昂看一眼。李子昂孤零零地坐在那里，明显地局促不安起来。

我示意大家安静，然后说："这次寻找新同桌，有一个条件，请听好，我们班每个学生都有自己独特的优点，如崔亚涛喜欢读书、讲故事，白杨回答问题声音响亮，袁唯铭的字写得非常漂亮，等等。希望你们根据自己本学期的学习目标，找到一个适合自己的学习榜样来坐同桌，可以打破原来的人数限制和座位摆放形式。大家互相分享经验、共同进步是我最大的愿望。"听了我的解释，大家会意地点了点头。

"给大家 30 分钟的时间来充分讨论，请中队长和小组长负起责任，保证人人都要入组入编、愉快满意。请李子昂同学帮大家计时，开始。"

教室里顿时沸腾起来。

"袁唯铭，我和刘美辰想跟你一起练字，我们三个坐同桌吧。"

"崔亚涛，我们成立一个阅读小组吧。"

"王宏泰，你的足球踢得好，我们四个坐在一起吧，课后可以一起练球。"

……

我来到李子昂身边，真诚地问："你有什么想法？我可以帮助你。"他的眼圈一下子红了，不好意思地说："我想让大家都不再讨厌我……我可以帮助大家学电脑、练打球。"

我仗义地拉起他的手，对大家说："同学们，谁愿意跟徐老师的朋友坐同桌？"教室里立刻安静下来，没有一个人举手。李子昂满脸通红，低下了头。我说："自从我和李子昂坐同桌以后，发现他身上有许多优点，他是电脑高手，他喜欢运动。李子昂也想向你们学习，学习你们关心和帮助他人的品质，做一个用爱心赢得大家喜欢的孩子。"

机灵的学生一听，就明白了我的良苦用心，纷纷高举小手："老师，我愿意向李子昂学习电脑。""我愿意和李子昂一起锻炼身体。"他们非常真诚地举起了一只只热情的手！受宠若惊的李子昂激动地站了起来，哽咽着向大家致谢……

从此，终于有了同桌的李子昂知道了友情的可贵，遇事多了几分柔和，上课时也安静了许多。期末，大家都把“进步小明星”的选票投给了他。

这样的“小报告”，我喜欢

“老师，运祖昌把我的橡皮弄坏了！”

“老师，王泽平不和我玩了！”

“老师，朱壮壮在楼道里拍球呢！”

……

每次，我一听到这样的“小报告”，就觉得自己天天生活在“一地鸡毛”里，心中不免泛起一种掩饰不住的无奈：“判不完的‘官司’！”

打“小报告”是发生在低年级学生身上的常见现象，它反映出这些学生特别关注负面信息，而且遇到困难时总想依赖大人，觉得没有大人帮助，自己肯定处理不好。这种情况，既不利于他们的心理健康，也不利于他们独立意识的形成，我不能再置之不理了，但一时还没想到办法。

一天，齐甜甜含着泪对我说：“徐老师，孙思彤说我是笨猪。”我拉起她的手，笑着说：“她说得不对，徐老师就觉得你很努力，很能干！你是在意她说的，还是相信老师说的呢？”甜甜不再哭了，想了想说：“我相信您说的。”我理了理她的头发，耐心地说：“别人有别人的看法，如何处理却是我们的权利。我们只在意别人真诚的评价就好了！”

金雨走进办公室，气呼呼地说：“徐老师，石浩洋说我姓金，名雨，字妄想。”我故意开心地说：“嘿，这个字挺好的，说明他认为你的想象力很丰富啊。”他摸了摸脑袋，想了想，顿时展开笑颜。

如何改变学生爱打“小报告”的习惯？如何教会学生正确地处理这些

问题呢？我开始了有针对性的“请教”阅读。真巧，美国作家珍妮·弗朗兹·兰塞姆的绘本故事《不要告状，除非是大事！》，让我眼前一亮。

阅读课上，我与学生分享了这个故事：麦太太的班上有19个爱告状的小家伙。面对接二连三的纠纷和矛盾，麦太太总是鼓励小朋友自己去解决问题：“我们不插手自己不该管的事。”“大多数小朋友之间的事，通过交谈、倾听和互相帮助就可以解决。”“但是有时，有人受伤或处境危险……这是大事，你需要找大人帮忙！”……

这个故事不仅温暖而幽默，关键是针对孩子爱告状的问题提供了简单易行的指导建议，教会孩子懂得什么问题完全不用理会，什么问题可以自行解决，什么时候该去找大人。

除了教学生正确处理这些问题外，我还趁机引导他们多关注其他人的优点。

一天，梁永琛神秘地告诉我：“徐老师，咱们班有个‘老大’。”旁边的学生都笑眯眯地随声附和。“谁？”我非常好奇，“什么‘老大’？”学生七嘴八舌地说：“是陈睿博，因为他学习最好！”“因为他写作文最厉害！”“他跑得特别快，唱歌也最好听！”……

听到这一番褒奖，我惊喜地对这些学生说：“你们都有一双善于发现美的眼睛。这样的‘小报告’，我喜欢！因为我看到你们学会了欣赏，你们的内心是美好的，你们看见的一切都是美好的。当你总认为别人这不好、那不好的时候，就要想一想是不是自己出现了什么问题。”学生若有所思地点点头。

从此，学生学会了有意识地发现身边的好人好事，用心去捕捉小伙伴的优点，慢慢地懂得了“不记仇”“吃亏是福”等道理，爱挑毛病的“小心眼儿”越来越少了。

“老师，刘美辰今天画的画特别漂亮，美术老师还夸奖她了呢！”

“老师，王泽平在校园里主动捡垃圾了！”

“老师，今天康蓓蕾帮我讲题了！”

……

一个人看待问题的视角不同，所收获的往往也不同。学生经常关注老师、父母和同学的优点，学会赞美，他就会觉得身边的每一个人都是那样可爱！学生经常有意识地关注生活中的点滴美好，他就会觉得世界竟然如此美丽！

爱的味道

阳光从窗外悄悄地探进来，轻柔地抚摸着正在早读的学生，一切都那么静谧美好。

此刻，在父母的搀扶下，一个身材瘦小的女生正拄着拐杖向教室走来，她的身子倾斜得很厉害，每走一步都非常吃力，爬了三层楼，出了一头汗。

她叫曹芸朵，因为腿部做了一次大手术，只能拄拐走路。渴望读书的她，被家人推着轮椅送到了学校。

站到我面前时，她努力保持身体的平衡，尽量让自己显得挺拔点儿，但即便是这样，也只能脚尖着地，一双水汪汪的大眼睛透着几分忧郁。看着她，我非常心痛，这么小的年纪，却要承受疾病带来的痛苦和打击。如何让这个孩子在温暖的氛围中快乐地学习、生活，勇敢地面对磨难呢?

“同学们，这是我们的新同学曹芸朵，大家鼓掌欢迎!”我的话音刚落，教室里就响起一片热烈的掌声。

“请芸朵坐在哪里合适呢?”我请学生拿主意。

“老师，芸朵坐我这儿最合适，离教室门口近，出入方便。”第一排的马艺微边说边收拾自己的文具。

芸朵看到大家如此热情，刚进来时的那种紧张感渐渐消失了，嘴角泛起了感激的微笑。

从芸朵走进学校的第一天起，我们班的快乐小队就成立了，不分校内校外，快乐小队的队员都从各个方面帮助芸朵。

丁馨蓓和丁馨蕾是亲姐妹，都是快乐小队的队员。课间，她们陪芸朵猜谜语、做游戏，是芸朵最亲密的伙伴；放学后，她们是芸朵的“护花使者”，每天轮流帮芸朵背书包，扶她上楼。芸朵在这样的成长环境里，不再感到孤单。

芸朵的嗓音清脆甜美，唱起歌来似百灵鸟般婉转动听。于是，我们和音乐老师商量好，在几次音乐课上为芸朵录下了一首首好听的歌，并做成精美的光盘送给她。收到光盘的那一刻，芸朵激动得直掉眼泪。

一天，教室的门开晚了，门口挤了好多同学。大家见芸朵上楼了，都主动闪到一旁，让出一条通道。在小伙伴的搀扶下，芸朵脸上挂着幸福的笑容，第一个进了教室。

芸朵的腿疾虽然得到了控制，但还需要定期去医院复查，一走就是一个星期，落下的功课怎么办？快乐小队的队员就利用网络视频轮流为芸朵补课，陪她聊天。大家真诚的关心和帮助激励着芸朵，她不仅没有落下功课，与病魔抗争的决心也更加坚定了。连大人都无法承受的治疗她都挺了过来，还利用治疗的间隙非常真诚地折了 61 只千纸鹤，送给班里的 60 名同学和我。

快乐小队，一切都沉浸在爱的芬芳与光泽里。班上的每一个学生都如同春季的暖阳，时时把小伙伴的心灵照亮。我常常想起冰心说过的话：爱在左，情在右，走在生命的路两旁，随时撒种，随时开花，将这一径长途，点缀得花香弥漫，使穿枝拂叶的行人，踏着荆棘，不觉得痛苦，有泪可挥，不觉得悲凉。冰心所描写的，不正是我们这个温暖的集体吗？

教师节那天，是我们班最高兴的日子——芸朵尝试着丢开了拐杖，竟然走了好几步。为此，我们特意召开了“芸朵成功了”庆祝会。我们像过节一样，布置黑板，打扫教室，送祝福，献礼物，教室里到处洋溢着浓浓的友情。

在充满关爱的集体里，芸朵快乐地学习着，幸福地生活着。这个最初内向怯弱的女孩子，渐渐变得开朗起来，没有流露出一点儿对疾病的害怕，天真的笑脸上写满了坚强和自信。她学习刻苦，成绩优异，还在报刊上发表了好几篇文章呢！大家都称赞芸朵是微笑着承受一切的小天使。

“赠人玫瑰，手留余香。”这是爱的气味！关爱他人，主动帮助身边有困难的人，这样的孩子有着一颗金子般的心，具备最为宝贵的一种品质——善良。更为重要的是，这样的爱极具感染力，即便在最黑的深夜都会闪耀光芒，散发芳香，带给人无穷的力量！

大手拉小手

“碧玉妆成一树高，万条垂下绿丝绦。不知细叶谁裁出，二月春风似剪刀。”郝梦媛背着诗，蹦跳着向我扑来，一下子抱住我的腰，小脸贴在我的胸前，暖暖的，好幸福。

梦媛是周托生中年龄最小的女孩儿，原来每天下午一放学，她就哭着找妈妈，谁哄都不行，没少让生活老师操心。好多次，她哭着来找我要给妈妈打电话，要回家。我总是欣然借手机让她和妈妈聊聊，然后拉着她的小手在校园里散步，陪她读绘本。渐渐地，她见了我就很亲，不是抱一下，就是拉住手不放。

“要用手机吗？”我关心地问。

“不用了，老师。姐姐说，如果今天我不哭，不给妈妈打电话，就会送给我一个礼物。”

“你今天表现得不错，继续加油！”

“嗯！我去找姐姐了。”她小手撒开，一溜烟儿地跑了。

第二天晨练时，梦媛高兴地让我看一幅画：嫩绿的草地上有两个可爱的女孩儿，一大一小，拉着手在跳舞，脸上洋溢着微笑。不用问，那个扎着小辫的小姑娘就是梦媛了，那个大孩子就是和梦媛同宿舍结对的姐姐。

“昨天晚上我没有哭，这是姐姐给我画的！这是姐姐，这是我……”

梦媛用小手指着画，甜甜地讲着。

我不由得想起了这个孩子刚入学时的情景：每周一早上，学校门口都会上演一场梦媛和妈妈的“生离死别”；午休和晚寝时分，生活老师拉着哭哭啼啼的梦媛在走廊里转了一圈又一圈……

父母的陪伴对于孩子来说无疑是至关重要的，但孩子总要慢慢长大，要学习，要自立，要有自己的生活。怎样才能让孩子喜欢学校呢？得有让孩子喜欢、眷恋、信任的人！于是，我和生活老师策划了一、四年级学生“大手拉小手”的活动。

“大手拉小手，一起向前走!”起床后，“大手”为“小手”梳头发、编辫子，系一个漂亮的蝴蝶结，手把手教“小手”穿衣服、叠被子。吃饭时，“大手”为“小手”盛饭，教“小手”如何分类放回餐具。晨练活动中，“大手”和“小手”一起跳皮筋、踢毽子，开心得像两只蝴蝶。“小手”不舒服时，“大手”端来一杯水，照顾“小手”按时吃药。晚寝前，“大手”为“小手”讲故事、唱儿歌。周一返校时，“大手”早早在校门口等候“小手”，帮忙拎箱子，抱被子……

“小手”有了哥哥和姐姐的悉心关照，不再孤单，生活越来越充实了，而且慢慢学会了独立，自己洗脸刷牙，洗袜子晾衣服，叠被子整床铺，生活自理能力大有长进。“大手”有了弟弟和妹妹的亲密陪伴，学会了心疼和照顾人，还潜移默化地增强了身为哥哥、姐姐的责任感。大家相依相伴，其乐融融。

如今的梦媛，不再是原来那个总是抹着眼泪、赖在老师怀里哭闹的小姑娘了。晨练时，她帮姐姐收发器材，干得格外起劲儿；午休前，她给大家讲故事；晚自习后，她主动和姐姐一起清理垃圾。去年冬天下了一场大雪，她非要留在学校不让妈妈接，还开心地说：“我和姐姐约好了，要一起堆雪人呢!”

爱，是人世间最温暖的字眼。在这样一个特殊的集体里，“大手拉小手”的活动为寄宿学生创造了互相关爱的环境，让这些离开父母的孩子心灵上有了安全感和归属感。越来越多的孩子很快适应了校园生活，他们就像如今的梦媛一样，变得勇敢、快乐和能干起来。看着他们开心的笑脸，听着他们欢快的笑声，望着他们尽情玩耍的身影，我的心里涌上一阵暖暖的幸福。

你是我的棉花糖

我们班的任课老师都对班上一个女孩儿的印象非常好。因为每次来上课，她总会礼貌、热情地道一声：“老师，您好!”然后满脸笑容地问：“老师，我能帮您做些什么吗?”

她叫赵茵茵，个子高高，辫子长长，明亮的大眼睛里总是满含笑意。我印象最深的，不仅是她一日数次的真诚问候，还有她主动为班级擦黑板的那份坚持。

班级值日琐事多，我们就把所有的事情分类罗列，细化为无数个岗位。这些岗位五花八门，有保洁、纪律监督、作业收发、饮水机清理、门窗开关、花草护理、图书管理、奖励记录等。学期初，学生可以自主选择喜欢的岗位，为大家做好服务。

在这些岗位中，擦黑板应该是最无聊的一项劳动。有的学生开始愿意做，可是做着做着，就松懈了。后来，学生就按学号轮流来擦，可是轮着轮着，就不知道轮到谁了。有时候，马上就要上课了，却发现黑板上还是一片粉笔字呢。甚至，因为到底该谁擦黑板，两个学生还会争得面红耳赤。而每每此时，茵茵便轻轻地走上讲台，很快就把黑板擦净了。

有一天，茵茵主动提出申请：“老师，以后擦黑板这件事，让我一个人干吧，我肯定不会耽误老师上课。”

看着她一脸的诚意，我还是心存顾虑：一天有 6 节课，几乎每节课老师都要用黑板。一周 30 节课，至少要擦 20 次黑板，一个学期按 20 周算，就要擦400次黑板。更何况，茵茵的学习成绩一直不见起色，让她一直擦黑板，家长肯定会有意见。

她似乎看出了我的顾虑，坚定地说："老师，您就让我试试吧，我个子高，能够得着，我愿意!"

这一试就是一个学期！她没有嫌弃粉笔灰，没有喊过累，也没有因为课间少了休息时间而后悔，每次干活她都是乐呵呵的。别人都不想干的事情，她却干得如此开心，这种心甘情愿令我肃然起敬。

从此以后，黑板每天都是干干净净的。课堂上，茵茵的大眼睛总是亮晶晶的，流露出特别的专注和自豪。后来，黑板换成了无尘防水的，需要用板擦蘸着水才能擦拭干净。茵茵每天又多了一项任务——定期冲洗板擦和盒子！一年四季，春夏秋冬，她用实际行动践行了自己当初的承诺，她擦黑板时的身影成了大家眼里最美丽的风景。

茵茵是一个学习认真的孩子，每天的家庭作业总是工工整整的。虽然成绩不突出，但大家都能看到她的努力。看到她勤勤恳恳的样子，我总忍不住心疼地问："茵茵，每天这样干活儿，会耽误你许多休息时间，我们换个同学擦一段时间吧?"她总是笑呵呵地说："老师，没事，这就是最好的课间休息。"

擦黑板确实是一件小事，做起来并不难，难的是天天坚持。从茵茵身上，我感受到了她对集体发自内心的热爱、对老师真诚的体贴，更感受到了她对"乐在其中"的朴素诠释。在我们的心目中，她的学习成绩不是最优秀的，但她的心灵是最美丽的。

而今，茵茵已经上了大学，但我没有忘记她那明媚的笑脸，没有忘记她接过我手中沉甸甸的作业时的那份自然，没有忘记课间休息时她为我端来的一杯热水，更没有忘记她每天擦黑板时的美丽背影……每当想起这些，我总会想起那句歌词："你就是我心中的棉花糖……"是的，她就是我们的棉花糖，那么贴心，那么甜蜜！

一节“静音”的语文课

今天，我一起床就感觉喉咙疼，试着发声却疼痛难忍，喷出的好像是一团火。临近期末，正值紧张的总复习阶段，每天忙得顾不上喝水，这不，嗓子先“造反”了。但期末考试就在眼前，每天都有具体的教学任务等着呢，我不能“罢工”啊！

课前，学生已坐定。我先夸张地紧皱眉头干咳了几声，再一脸沮丧地摇了摇头。学生疑惑地看着我，恍然明白了：“老师的嗓子出现了问题，不能像平时那样讲课了。”我双手抱拳，向全班学生示意道：“拜托大家多关照！”教室里顿时安静极了，所有学生都心疼地朝我点了点头。

我转身板书了几个词语：“七单元”“生字词”“易错”“多写记牢”“同桌互听”。然后用询问的眼光看看大家是否明白。

学生还没反应过来，中队长王博聪立即站了起来，朗声向大家解释说：“同学们，今天我们复习第七单元。首先，请大家将自己容易写错的生字在书中空白处或练习本上多写几遍。然后，同桌之间互相听写！”一股暖流涌上我的心头，多有灵气的孩子呀！我感激地向王博聪点头致谢，然后示意大家开始。

看！平时上课总爱摸东西的“小淘气”安若海，今天主动放下了手中的各式“玩具”，安安静静地打开了书，一笔一画地写着，一字不落地记着，一副全神贯注的样子。多懂事的孩子呀！

原来总爱有矛盾的一对“冤家”张媛媛和丁晓曦，今天竟然也友好地达成了共识：“你先写，我来考。”“我来检查检查，错的要再写一遍哦！”真是让人省心的孩子！

第二环节的复习内容是课内阅读。我指了指事先准备好的练习题纸，眼疾手快的学生早就心领神会，抢先一步拿起来，非常高兴地给大家一一分发下去。

趁此间隙，我板书了第二项任务的关键词："独立完成""分组交流"。学生认真地看了几秒钟，然后会意地点点头，立即进入了思考和答题的状态，教室里响起了"沙沙"的书写声。约10分钟过后，小组长们自发地召集自己组的成员围坐一团，开始讨论题目完成情况。我也凑了上来，听听大家有没有解决不了的问题。"谁有不同的答案?""我是这样想的……""我想给崔大勇订正一下……"每个小组的交流气氛都非常和谐，每个学生的学习态度都非常认真。

"下课的时间到了，老师，您辛苦了!"一节"静音"的语文课上完了，我为学生表现出来的理解、懂事和默契感到由衷的欣慰。

学生蜂拥上来围在我的身边，叽叽喳喳地送来了声声问候：

"老师，请您喝水，您的嗓子是不是疼得厉害?"

"老师，您快去医院看看吧!"

"老师，您好好休息吧，我们会自己好好复习的，不让您操心。"

……

学生一句句贴心的问候融化了我的心。我被他们暖暖的关爱包围着，眼睛禁不住湿润了。

这节语文课，让我深切地感受到了来自学生的温暖，感受到了他们的那种纯真：在课堂上那么主动地约束自我，体谅老师的辛苦。他们真的长大了，学会了设身处地为别人着想，懂得了如何用实际行动关心老师，这让我很欣慰。虽然当时嗓子很疼，特别不舒服，可我内心深处是无比甜蜜的，因为我有一群深爱我的、善解人意的学生。至今，我每每想起，依然无比感动。

一朵小花静静绽放

每个孩子都是一朵花，只是花期各有不同。教师细心的关爱和恰到好处的鼓励，就是催开花苞的春风细雨。自信的眼神，明媚的笑脸，就是花开的模样。

班上转来一个叫马莉的女孩儿，戴着一副高度近视眼镜，总是低着头，偶尔偷偷抬起头胆怯地望望我，就又迅速地垂下眼帘，特别羞涩。下课了，同学们或出去玩耍，或围着我叽叽喳喳地说个不停，只有马莉坐在座位上，孤零零的。看着她怯生生的模样，我知道这是一个内向又缺乏自信的孩子。

马莉的学习成绩平平，作业书写也普普通通，既没有突出的运动特长，也没有特别的才艺。怎样才能让她有机会表现自己的优势，建立自信呢？我默默地关注着她，耐心地等待着一个合适的机会……

一天，我批改周日小随笔时，一首儿童诗让我眼前一亮："……玩耍时，时间从我的笑声中溜走；写字时，时间从我的笔下流过；阅读时，时间从翻开的书页中飞走……"想象丰富，排比整齐，书写认真，堪称一份难得的优秀作业！一看姓名，马莉！太好了，我期待的一刻终于到了！

上课了，我精神抖擞地走进教室，微笑地环视了一下大家，最后把目光落在马莉的身上。她还是和往常一样，匆匆低下了头。我朗声宣布："今天，徐老师特别高兴，因为有一个孩子送给了我一份天大的惊喜！我感谢这个孩子，她的进步让我这一个星期都会阳光灿烂！"学生齐刷刷地用期待的眼神看着我，急切地想知道答案。于是，我亲切地喊出了她的名字："马莉！"听到自己名字的一刹那，马莉抬起了头，眼里有些拘谨和不安。我微笑着走到她身边，拉着她的手，看着她的眼睛说："孩子，你昨天的《时间匆匆》仿写作业非常精彩，来，大声读给大家听吧！"

马莉不好意思地站起来，捧起自己的习作，温柔地读了起来。教室里一片安静，同学们听得格外专心，完全陶醉在时光无声无息、瞬间即逝的意境里。马莉朗读完毕，大家掌声一片，赞赏不已。马莉的脸上漾起了羞涩的笑容，我送给她一个大大的拥抱，在她耳边轻声说："期待你带给老师更多的惊喜。"再次抬起头时，她的眼睛里有了亮亮的光彩……

从那以后，她再也不躲避我的目光了，课堂上举手的次数也多了。虽然作业偶尔也会有错，但每次的字迹都很工整，态度很认真。更让我欣喜的是，课间她也会离开自己的座位，主动走到同学们中间，与大家一起玩耍了；远远地看到我，她会像小燕子似的轻快跑来；语文课前，她主动把黑板擦得干干净净，当我微笑着向她表示感谢时，她又会开心地跑开。看到阳光快乐的她，我一次次被感动着，因为我闻到了一股淡淡的花香，看到了一朵小花正在静静开放……

期末家长会后，马莉的妈妈拉着我的手说："徐老师，一个学期以来，您耐心地呵护着每一个孩子。现在，我家孩子的性格越来越开朗，真心诚意地对您说一声：您辛苦了，永远感谢您！"

有情怀的教育，就是尊重每一个生命，尊重每一个生命以不同的姿态存在。教师只要把每个学生都放在心上，在他们成长的过程中适时地给予应有的关注和鼓励，每朵小花就都会有灿烂盛放的精彩时刻。要听到花开的声音，我们需要做的就是耐心等待，细心发现，以及给予源源不断的爱……

把美好的愿望说给你听

刘江龙，是一个让人又爱又气的孩子。

一年级的时候，他就知道李白是浪漫主义诗人；二年级时，就可以与外教老师对话交流，口语非常标准。如今，他又喜欢上了钻研奥数。这个孩子的智商确实令人惊讶。他喜欢来办公室找我，问我在忙什么，看我养的花草是否还好。我也总爱摸摸他的脑袋，跟他聊几句，感觉很开心。说实话，这个孩子本来的样子，我很喜欢。

但是，他爱生闷气。谁要是惹他不开心，他就一个人在校园里闲逛，上课了也不进教室。几次午休时间，整个宿舍都安静了，唯独不见他。生活老师着急地派人在校园里到处找他，他竟然躲在厕所里不出来。唉！这孩子真没少让老师操心。

一次，我非常严肃地提醒他："刘江龙，以后再遇到不开心的事，一定要找老师帮忙，不能故意躲起来。如果你再有一次进教室或回宿舍故意迟到，让老师和家长着急，就得回家反思了。"他皱着眉头，不说话。

过了几天，他高高兴兴地来找我。

"徐老师，您养的仙人掌死了吗?"

"真不会说话。如果我一见你就问你又被老师批评了吗，你高兴吗?花草也喜欢被人夸。"我抓住时机教给他说话的艺术。

"好的，我记住了。"

"刘江龙，你这一段时间在不掉队方面有进步吗?"我趁机追问。

"当然有进步了。您不是'威胁'我说，再犯这样的错误，就让我回家反思嘛!"原来，他一直记着我的"狠话"呢。

"那不是威胁，是提醒。任何时候都不能散漫，这是纪律，这是规则，每个学生都应该遵守。"

"好吧。老师，我希望您也不要总是盯住我的缺点。"嘿，他还学会了触类旁通。

没过几天，他又犯错误了。数学课上，老师问了他几个问题，他就是闭口不答。后来，被问急了，他竟然恶言顶撞老师，还故意将墨水甩到老师身上，点点滴滴的墨水一下子弄脏了老师的衣服。

事后，我拉着他的手，非常严肃地表明了我的态度："你竟然在课堂上公然伤害老师，太让我伤心了。我理解你当时的心情，但决不赞同你的表达方式。这样的事情，你必须承担责任。"

“徐老师，您别生气，我知道错了，我给数学老师洗了衣服，但没有洗净。我会用自己的压岁钱给老师再买一件新衣服的，我愿意承担责任。”他非常诚恳地说。

看到他主动为过失“买单”的态度，我松了一口气，边帮他整理红领巾，边温和地说：“刘江龙，徐老师有一个美好的愿望，希望你能记住。”

他睁大眼睛，急切地问：“什么愿望？您快说。”

我盯着他的眼睛，语重心长地说：“我希望在这两周时间里，老师们和同学们都说刘江龙这一段时间进步可大了！”

刘江龙感激地说：“好的，徐老师，我会努力的。”

这个孩子的问题是不会管理自己的情绪，稍不顺心就易发怒，而且在愤怒的情况下会做出不理智的行为。如果不加以疏导，说不定将来会闹出什么问题。因此，我多次约见他的母亲，希望一起来想办法帮助他，教他学会遇到问题冷静处理，积极平复自己的心情，战胜心中的“魔鬼”。

每一个学生从心底都希望得到教师的肯定和鼓励。教师期盼性的语言和行为有一种极强的感染力，能帮助学生获得渴望成功的愿望。对特殊学生的心理健康教育，是一个漫长的过程，不可能立竿见影。那我们就多对这些学生说说自己的美好愿望吧，让他们感受到我们的真诚。学生的心灵是非常敏感细腻的，你对学生的好，他们能真切地捕捉到。想让一个学生成为最好的自己，教师心里先要有这个学生最好的模样，相信学生明天一定会进步。这样，在教育学生的时候，自己才能不动气，不讨厌，不会产生丝毫想放弃这个学生的念头。爱，始于接纳。

不会放弃你

“Monkey!”语文课上，冯一凯脱口喊道，声音分外响亮，吓了我一跳，全班学生“唰”地将目光投向他。他不好意思地低下了头，我看着他笑了笑。语文课继续。

在其他学科的课堂上，他也曾做出一些怪异行为——突然敲桌子、摔书、喊叫……像一只调皮的小猴子，总是惹得大家哈哈大笑。

一下课，我就拉住冯一凯的手（不拉住他的手，他转身就跑了），问长问短。“爸爸妈妈的工作忙吗？”“你最喜欢干什么？”“上课时你的心情怎么样啊？”……他有一句没一句地回答我：爸爸妈妈很忙；他最喜欢踢足球，唱英文歌谣；感觉上课很好玩……

通过多次课堂观察和课后谈心，我发现这个孩子的所有恶作剧并没有任何恶意，也不是为了吸引大家的注意力，只是单纯的好奇或开心而已。

经过一段时间的“望闻问切”，我开始琢磨“对症下药”。

首先，我悄悄地向所有的学科老师和学生表达了我的观点：冯一凯在课堂上的一些表现确实影响了大家的教学或学习，是不应该的。每次发生这种情况，冯一凯也很不好意思，但有时他确实控制不住，希望大家能和我一起想办法帮助他。

经过讨论，我们达成了以下共识：一是中队委员轮流做冯一凯的同桌，树立榜样，强化正面影响，及时地提醒和帮助他；二是当冯一凯在课堂上再有此类情况时，老师和其他同学要做到不看、不笑，继续认真上课，让他自己调整状态，尽快投入学习；三是主动发现冯一凯的优点，创造机会帮助他找到一种成就感——“我也是优秀的！”“大家都喜欢我。”

“老师，今天音乐老师表扬冯一凯的声音很干净、很响亮。”“今天的体育课上冯一凯爬得最快。”渐渐地，告冯一凯“黑状”的学生少了，主动反映他优点的学生多了。

秋季趣味运动会开始报名了，一年级的项目有“蜘蛛人”“兔子跳”等。我鼓励冯一凯说：“‘蜘蛛人’是你的拿手项目，一定要好好练习，为班级争光！”同学们也鼓励他：“冯一凯，你肯定行，加油！”

一天，冯一凯妈妈激动地和我说：“徐老师，冯一凯这几天可积极了，每天临睡前还要在客厅爬几个来回！”体育老师也专门来报喜：“整个年级里，冯一凯爬得最快，这次参赛成绩肯定错不了。”得到了大家的信任和鼓励，冯一凯每天走路和上课的姿势都变得精气神十足。

“天赋＋汗水”，冯一凯不负众望，果真为班级夺得了“蜘蛛人”比赛项目年级第一名。“冯一凯，你真了不起！”“感谢冯一凯为班级增光添彩！”大家纷纷为他竖起了大拇指。在热烈的掌声中，我第一次发现冯一凯的眼睛亮晶晶的，流露出自豪的神情。

运动会后，冯一凯的人气指数暴涨。大家抢着和他坐同桌，课后主动和他做游戏……他的朋友越来越多，他变得懂事了，上课也安静了许多。

还有更令人开心的事呢！二年级的时候，音乐老师推荐冯一凯加入了学校合唱团，成为团里唯一的男孩子！六一儿童节文艺汇报演出中，冯一凯身着礼服，目光炯炯，神采奕奕，表演声情并茂，看起来格外醒目。我看在眼里，骄傲在心头，不禁热泪盈眶。谁能想到，半年前的懵懂“淘气包”今天竟如此耀眼呢？

“不会放弃你，把梦和希望，把光明和微笑都献给你……”每朵花都有不同的花期，每一个学生都有自己潜在的优势，我们要有信心去等待，要有耐心去唤醒。我们不离不弃的陪伴，能点亮学生的生命，能让每一个学生都尽情绽放。

一份惊喜的礼物

“太棒了，今天不用写作业了！”苏杨欢呼雀跃起来。

“高兴什么啊？这比写作业难多了……”他的同桌王一诺嘟囔道。

苏杨关心地问：“怎么了？给妈妈准备‘三八’妇女节的礼物，我觉得挺有意思！”

王一诺撇撇嘴说：“我妈妈天天唠唠叨叨，从不给我说话的机会。唉，实在不知道给她什么惊喜。”

苏杨耐心地说：“老师不是说了吗？用实际行动来表达！可以给妈妈

捶捶背、洗洗脚，可以深情地对妈妈说‘我爱你’，也可以悄悄地给妈妈准备一份特别的早餐，这都是有意义的礼物。再说了，还有爸爸呢，回去跟爸爸好好商量商量。”

听着学生的讨论，我心里一阵窃喜。这份特殊的作业，我可是酝酿许久了！

曾经不止一次听家长苦恼地说：“让孩子干点儿家务，就嚷着要钱，比如，洗一次碗多少钱，拖一次地多少钱，擦一次桌子多少钱……”的确，有些孩子认为父母就应该对自己好，好吃的自己先吃，一手把控遥控器，干一点儿家务就要收费，心安理得地享受着家长无微不至的照顾。长此以往，孩子还会心疼父母、感恩他人吗？我计划利用“三八”妇女节这个契机，教育学生学会感恩。

节日前一天的阅读时间，我给他们讲了《汤姆的纸条》这个故事。

美国得克萨斯州有一条法律：凡年满14岁的孩子，必须身体力行地为父母分担家务，诸如洗碗、擦地、剪草坪等。

一个星期天的晚上，男孩汤姆给妈妈写了一份账单：汤姆帮妈妈到超市买食品，妈妈应付5美元；汤姆自己起床叠被，妈妈应付2美元；汤姆擦地板，妈妈应付3美元；汤姆是一个听话的好孩子，妈妈应付10美元。合计：20美元。汤姆写完后，把纸条压在餐桌上，便上床睡觉去了。忙得满头大汗的妈妈看到这张纸条后，宽容地笑了笑，随手在上面添了几行字，放到汤姆的枕边。

汤姆醒来，看到了这样一张账单：妈妈含辛茹苦地将汤姆怀了10个月，汤姆应付0美元；妈妈教汤姆走路、说话，汤姆应付0美元；妈妈每天为汤姆做好吃的，汤姆应付0美元；妈妈每个周末陪汤姆去儿童乐园，汤姆应付0美元；妈妈每天为汤姆祈祷，希望他成为天使般可爱的小男孩，汤姆应付0美元。合计：0美元。

这张纸条，汤姆至今仍珍藏着。

故事讲完之后，教室里非常安静，许多学生陷入了沉思。

当天，我布置了一份特殊的作业：明天就是妇女节了，请和爸爸一起悄悄地为妈妈策划一份庆祝方案，用实际行动送上一份惊喜。

为什么要请爸爸也参与进来呢？因为：首先，榜样的力量是无穷的。想让孩子尊重父母，就要从爸爸尊重妈妈开始。其次，孩子和爸爸合作，策划的方案就比较成熟。最后，孩子和爸爸齐动员，而且悄悄商议，将增强孩子的兴趣和重视程度，会营造出一种浓郁的节日气氛，有助于达到预期的效果。

当天晚上，我就接到了几个妈妈的电话："老师，太感谢您了！今天苏杨主动帮我擦桌子，睡前坚持要给我洗脚，还说以后会多关心我……"

"老师，平时我只要一说话，王一诺就关起门来不想听。今天晚饭后，他主动拉着我的手，很认真地说：'妈妈，您辛苦了，我爱你！祝您节日快乐！'听了孩子的这些话，我感动得直流泪……"

……

第二天，好消息纷纷传来：

"徐老师，今天早上，我家陈琳洁和她爸爸早早就起床了，悄悄地做好了丰盛的早餐，琳洁还亲自给我做了煎蛋呢。我觉得好幸福啊！"

"徐老师，今天，孩子和爸爸将家里收拾得干干净净，还给我买了一大束鲜花，祝我永远年轻漂亮。今天我过得太幸福了，真得感谢您哪。说实话，孩子的一点点进步，都离不开您的辛勤付出和教育智慧。"

一次特殊的作业，一份惊喜的礼物，如此真诚的亲情传递，让学生懂得了感恩，也学会了如何用心表达爱——可以是一句暖心的话，也可以是一次暖心的行动！

这是我的拿手菜

儿子读小学时，写过一篇获得满分的作文，题目是《我是一位富翁》，其中一段话是"每天，我们一家人围坐在一起共进晚餐，这是我最幸福的时刻。虽然爸爸妈妈烧的都是家常菜，没有山珍海味，但全家人说说笑笑，其乐融融。在物质上，我不是富翁；但在精神层面，我是一位十足的富翁，因为我有一个幸福的家”。读了儿子的这篇文章，我深切地感受到：孩子眼里的幸福源于家里的饭菜香，源于家人团聚、共进晚餐的甜蜜时光。

如何让这份简单而温馨的幸福伴随孩子一生呢？我决定鼓励我的学生学习做饭，学会做几道拿手菜，为自己亲爱的家人下厨做爱心饭！

万事开头难，我们就从最容易的做起。

一年级的学生，先从学做凉菜入手。

我提醒家长，他们每次做凉菜时，一定要招呼孩子在旁边观摩。刚开始，可以学习凉拌黄瓜、糖拌番茄、水果拼盘等家常凉菜。家长要一一演示其制作过程，如何切，怎么拌，大致撒多少盐、放多少糖，如何装盘，边讲解边示范。然后，让孩子动动手，学着摸摸刀、切切菜和摆摆盘。以后，这样的“小菜一碟”就交给孩子吧。

因为简单易学，学生很容易就体验到了“小试牛刀”的成就感，渐渐对下厨有了浓厚的兴趣。

接下来的任务是学习蒸米饭，米饭是每天必需的主食，是一定要掌握的项目。关于放米和水的多少，浸泡几分钟，孩子可以向父母请教一些经验。在试验过几次后，学生渐渐就摸准了什么样的比例蒸出来的米不软不硬，粒粒香喷喷。

二年级时，我鼓励学生学习开火做饭。

首先从最简单的煮方便面、煮速冻水饺学起，接着再尝试学炒热菜。

番茄炒鸡蛋是搭配米饭的最佳热菜，既有营养，又有色相，人人都喜欢。因此，这道菜是我们的必学项目，要求人人都会。我班一位善于烹饪的家长专门制作了一段微视频，手把手地指导孩子们掌握其程序和要领：

“第一步，备料。鸡蛋四个，入盆打碎搅开；番茄两个，洗净切片；大蒜两到三瓣，剥好切碎；葱花切好。第二步，开火。热锅放油，待油热后，放入葱花爆出香味，倒入鸡蛋汁煎成金黄色，出锅盛盘；将番茄片倒入锅内，翻炒出汁；然后将煎好的鸡蛋倒入锅内，翻炒几下关火。第三步，加料。依次往锅内放入蒜茸，一点儿料酒，一点儿白糖和适量的盐，拌匀盛盘。瞧，一盘色香味俱全、极富诱惑力的番茄炒鸡蛋就可以上桌了!”

当天课后，我提醒学生照单准备食材，及时巩固制作流程。宗迅妈妈说：“今天，儿子一回家就将我推出厨房，自信地说：‘等着啊!’没过多久，厨房里锅碗瓢盆‘叮叮当当’，抽油烟机‘轰隆隆’地转动，油锅发出了‘噼噼啪啪’的声响……突然，一股香味扑鼻而来——儿子的番茄炒鸡蛋出锅啦！儿子的第一道拿手菜，为晚餐的气氛增添了一丝温馨，我们吃得有滋有味!”

在家长课堂上，在厨房现场教学中，学生还摸索着学会了烧油麦菜、炒土豆丝等家常菜。

期末时，班级举行了“我的拿手菜”图片展评活动。看着学生用心烧成的一道道菜肴的图片，我和家长们赞不绝口，大力肯定了他们乐于掌勺的热情，并对其突出的成果，或颜色，或形状，或味道，特别加以赞赏，给予正面强化。

每逢冬至、春节，我都要布置“全家包饺子”的家庭实践作业，倡导一家人撸起袖子一起忙活：爸爸和面，妈妈拌馅，孩子学着擀皮、包饺子。一家人齐上阵，吃什么不重要，重要的是体验这种过程，享受这种氛围。

同时，我提醒家长，只要在家，就尽量开火做饭。一家人一起讨论菜谱，一起下厨展露厨艺，一起围坐享受美餐。不叫外卖，不去餐馆点菜，不是为了省钱，而是为了珍惜在一起的幸福时光。

是啊，幸福生活，就是从厨房里飘出来的味道，就是家的浓浓气息。父母让孩子从小学会烧菜做饭，是在培养孩子的生存能力和情商，是在激励孩子形成积极的生活态度，是让孩子学会用最平常又最温馨的方式表达对家人的爱。

“弯腰”最美

运动会结束了，学生兴高采烈地谈论着比赛成绩，三五成群地向教室走去。

我走到操场中间，不看不知道，一看吓一跳：草坪中隐隐约约有一些纸屑、食物残渣。我不禁蹙紧了眉头埋怨道：“这次活动的清场工作真不彻底!”

我请学生停下来，决定“多管闲事”：“大家看看这是什么?”

“垃圾！还不少呢。”“不是我们扔的!”大家七嘴八舌地说。

“孩子们，美丽校园靠大家。现在，大家是帮我找到丢垃圾的人呢，还是和我一起来弯腰捡拾，将这里尽快收拾干净呢?”我真诚地发出了求助。

“我们一起来收拾干净吧!”懂事的学生立即领会了我的言外之意，争先恐后地投入到这次“弯腰”行动中。

学生的眼睛真“尖”哪，远远近近的垃圾一看一个准；学生的小手真巧啊，大大小小的纸屑一个也不放过；学生的身姿真美呀，有的蹲着，有的猫着腰，仔细搜寻着藏在草丛中的小东西……聪明的学生还找来了矿泉水瓶，奔跑着去收集大家捡到的小垃圾。那一次次美丽的弯腰，那一次次细致的排查，源于学生对学校的无限热爱，对美好环境的纯真呵护。

美好的行为感染了更多的人，越来越多的学生围过来，也兴奋地加入了“弯腰”行动中。我们的“作战”区域越来越大，草坪上，塑胶跑道上，看台上，都能看到学生在“弯腰”捡拾垃圾，这成了夕阳下最亮丽的一道风景。很快，操场周围的各个角落仿佛经历过大扫除一般，被清理得干干净净。

最后，我招呼这些学生围在一起开心地合影留念，以此感激他们对学校环境的保护。我将这张照片发到教师群里，倡议所有教师为这些乖巧懂事的学生点“赞”：“学生们真了不起，是我们的骄傲!”“以后，我们也要养成看到垃圾随时弯腰捡拾的好习惯，为学生们做榜样。”还有的班主任主动反思说：“我一定要好好教育我们班的学生，以后不要随手丢垃圾，少给大家添麻烦。”

回到班上，我再次高调表扬了这次“弯腰”行动，并向大家发出了“爱护校园，弯腰最美”的活动倡议。

校园是我家，美丽靠大家。校园既是我们学习文化知识的地方，又是我们快乐成长的地方。我们要像爱护自己的家一样，呵护它的每一个角落。

在我们的校园里，一些学生还存在乱扔酸奶袋、果皮、纸屑、塑料瓶等的坏习惯。试想一下，如果每人每天乱扔一点垃圾，全校有3000多名师生，那学校将被糟蹋成什么样子?

花香蝶自来。同学们，弯弯腰，把看到的垃圾捡起来，3秒钟足够了；迈迈腿，把垃圾送回垃圾箱，10秒钟就行了……“勿以恶小而为之，勿以善小而不为。”不要小看这两个简单又美丽的动作，它们会让我们保持一颗纯真的爱心和珍贵的责任心，让我们永远享受整洁优雅的环境。

同学们，一同加入“弯腰”行动中来吧，用我们的双手，用我们的实际行动，积极为我们的魅力校园出一份力吧!

“己所不欲，勿施于人。”每天在校园里行走时，我都自觉做到言传身教。无论何时何地，无论身边是否有人，无论当天穿得多么优雅，只要看到地上有垃圾，我肯定会立即弯腰捡起，或者提醒周围的学生一起来清理：“谢谢你，别忘了洗洗手。”学生说：“徐老师的眼睛真亮啊，从不放过眼前任何一片垃圾。我们要向徐老师学习，看见垃圾，不能怕脏，一定要捡。”

一个又一个的国内外的校长参观团来了，他们都非常喜欢学校的宽敞、洁净和绿意盎然。每一名师生都会自觉“弯腰”，每一名师生都有一种爱校爱美的心态，这就是我们的秘密。

隔三差五洗刷刷

清晨的阳光格外明媚，我迈着轻快的脚步穿过走廊，走到教室门口时，一眼就发现刚被保洁阿姨清理过的柱子又被抹脏了，墙壁上也被铅笔涂画得惨不忍睹。

看到这一幕，我的好心情被眼前的“惨状”冲得无影无踪，心里的火气顿时涌了上来。“如果学生不改掉这些乱涂乱画的坏习惯，学校请再多的人、花再多的钱都无济于事。”如何让学生学会珍惜他人的劳动成果，不给他人添麻烦，养成自觉爱护公共设施的好习惯呢？冷静之后，我陷入了深思之中。

我找来中队干部商议此事。经过大家的充分讨论，一个“隔三差五洗刷刷”的妙招诞生了——利用周五下午的班会时间行动起来，为我们班卫生区域的公共设施“洗洗澡”。只有让大家亲身参与并体会到劳动的不易，才能唤醒每一个人内心的自觉意识，从而养成良好的习惯。

成功始于行动。中队倡议一发出，各小队跃跃欲试，纷纷响应。周五当天，许多学生从家里带来了小水桶、抹布、清洁球等卫生工具，迫不及待地要为美丽校园贡献自己的一份力量。

说干就干。下午第一节课刚下，我们班的学生就争先恐后地赶到了负责的卫生区域，拉开了出力干活的架势。看，朱冠华正在用抹布擦窗台下面的瓷砖，涂上洗洁精，把污渍彻底消灭，每一块瓷砖都被擦拭得锃亮。朱怡冰、薛静雯负责擦拭门口柱子上的涂鸦字迹，边擦边说：“这都是谁涂上去的？真难看！”“这些字迹如果让前来参观的客人看到了，那就真给学校抹黑了。”其他学生有的擦门窗，有的擦桌椅，有的擦楼梯扶手，忙得不亦乐乎。连平时特别不爱动的王稚尧也加入了捡垃圾的行列。他有点儿胖，肚子圆圆的，每次弯腰都有些吃力。每看到草丛中有一点垃圾，他就一边捡一边嘟囔："这都是谁扔的呀？哎呀，我的腰都快累折了……"旁边的同学打趣说："建议你每天坚持捡一会儿垃圾，校园干净了，你减肥也保准成功了！哈哈哈……"学生说着笑着，小手不停地忙活着，干得热火朝天。

看到学生干劲十足的样子，听到他们天真可爱的对话，我感到无比欣慰。瞧，劳动的过程就是让学生体验劳动不易的过程，相信他们以后一定会尊重他人的劳动成果，肯定不会再那么随性了。

后来，周五的"隔三差五洗刷刷"义务劳动就成了我们班的必修课，而且是深受大家欢迎的实践活动课。因为有了自己的辛苦付出，因为有了真实的劳动体验，凡是参与劳动的学生都增强了劳动意识，自觉做到了学校的墙壁、柱子等设施"不摸""不碰""不随意涂画"，爱护校园环境的好习惯悄然养成。更令人欣喜的是，在校园里，主动捡拾垃圾的学生越来越多了；一旦发现个别学生有踩花草、乱扔垃圾等行为，大家都会主动上前制止，敢于纠正。这就是一种校园好风气，这就是社会正能量。

现在，你再漫步于校园之中，一定会觉得神清气爽：这里绿树葱茏，一片生机盎然；小草茵茵，碎花点点，处处鸟语花香；春芽楼、夏苗楼、秋果楼和冬籽楼，座座楼宇色彩绚丽；国际象棋角、开放读书角、校园达人舞台，每个角落欢声笑语；桃李石、感恩石、校庆石，时刻传递师生情谊……人人爱环境，环境育人，人更优雅。

环保社团在行动

春天的校园是最美的。和煦的阳光照耀着翠绿的树、鲜艳的花；绿油油的叶片上，颗颗晶莹的露珠闪闪发亮。学生快乐地在校园的林荫小路上散步，洒下悦耳的欢声笑语。仔细看，这美丽的环境中却有那么一丝不和谐的瑕疵——藏在角落里的小纸片，台阶上的酸奶盒，让人看了直皱眉。

“保护环境，人人有责”，是教师时常提及的话题，也是每个学生时时挂在嘴边的一句话，可为什么总有一些“小调皮”不能落实到行动中去呢？看来，简单的说教并没有达到教育效果，爱护环境的好习惯并没有被学生内化于心。怎样的教育方式才能触动学生的内心，让大家自觉地爱护校园、保护环境呢？

我们班创建了环保社团，动员学生一起行动起来。学生踊跃报名，还给社团起了个好听的名字——“天使之翼”。大家积极讨论活动方案，实地考察了广场、操场和楼梯间的卫生状况，查找卫生脏、乱、差的原因，然后开动脑筋思考解决办法。

“我们可以成立文明监督志愿队，发现乱扔垃圾等不文明现象时，就给予及时提醒。”

“文明监督员佩戴上黄色绶带，代表环保小卫士，这样更醒目，可以时时处处发挥监督和纠错的职责!”

从此，校园里，经常有一些身披绶带的小小监督员履行监督职责，提醒大家不要踩草坪，不要乱扔垃圾，为校园环境的美化切实尽了一份力。

暑期过后，学校餐厅的洗漱间装饰一新，还专门配放了擦手的纸巾。但是，有些学生根本没有节约意识，擦一次手就要用上两三张纸巾。大量用过的纸巾从纸箱里溢出来，白花花地掉了一地，着实让人心疼。社团成员针对这一现象做了专项调查，发现午餐期间消耗纸张情况非常严重：餐前洗手、餐后擦嘴和擦桌子都要用纸，每天至少用 3800 张，每月 76000 张，每学期总用纸量就超过了 30 万张，甚至更多！这惊人的数字背后隐藏着的可是一棵棵哭泣的大树啊！环保“小天使”们将精心设计的环保标语贴在抽纸箱上：“一张纸，一棵树！用一张纸擦手足矣!”以提醒大家自觉节约用纸。同时建议各班使用毛巾擦桌子，不能浪费纸张。在他们的热心宣传下，午餐时段的用纸量立即大大减少，大家保护绿色资源的环保意识渐渐增强了。

为了进一步改善校园环境，社团成员还向全校师生发起了“不乱扔，随手捡”的活动倡议。校长和教师带头，见了垃圾主动弯腰或提醒学生去收拾。

接着，社团又开展了“珍惜劳动成果，爱护美丽校园”的劳动体验活动。一把把喷壶，让花儿更艳、草儿更绿；一块块抹布，让墙壁更白、窗户更亮。这些学生挥洒着汗水，不喊累，不叫苦，忙得热火朝天，干劲十足。通过切身的劳动实践，大家懂得了：人人珍惜他人的劳动成果，美好的环境需要大家的共同维护。

之后，社团成员的脚步又迈向了校园附近的社区、商场，他们向更多的人宣讲塑料污染的危害，号召大家绿色出行，共同践行低碳生活，同时对废旧塑料瓶进行回收、出售，将所得款项用于资助贫困儿童或孤残儿童。

每年六一儿童节的时候，一批批社团成员走进儿童福利院，开展“送温暖，献爱心”活动，为那里的孩子亲手制作贺卡，表演精彩的文艺节目，还送上衣物、玩具、学习用品、卫生用品和食物。

目前，“天使之翼”社团成员的羽翼越来越丰满，从最初的维护校园整洁延展到后来的为社会奉献爱心，把善良、微笑播撒到了更多、更远的地方……

“体验是道德教育的本体。”小小环保社团，彰显了灵活的育人模式，学生在体验活动中提升自身素养，感悟社会责任，自然而然地塑造了稳定的、良好的道德品行。

做你们的老师真幸福

在我的眼里，每一个学生都是可爱的，因为他们带给了我太多的感动。

晨迎时，许多学生从我身边走过，总不忘礼貌地向我行礼问好。一位妈妈在校门口再三叮嘱：“多喝水，听老师话，上课认真听讲。”孩子微笑着答应："知道了，妈妈再见!"更有趣的是，我班的"乖乖女"丁晓岚与爸爸道别后，径直跑到我面前，行了一个队礼，大声说："x—ú，l—ǎ—o，s—h—ī，徐老师好!"乐得我心花怒放。低年级学生拖着沉重的行李入校时，高年级学生看见了，马上赶上去接过行李，帮忙送到宿舍。

上课了，我轻轻走过一间间明亮的教室，听着学生动听的读书声或热烈的讨论声，看着他们挺直的腰板儿和高高举起的小手，不由得陶醉在这和谐、温暖的氛围里。没有匆忙，没有喧闹，没有浮躁，没有功利，一切都是那么自然、从容、美好。

一群男孩子正在长廊里做游戏，我指着天花板上亮着的灯提醒他们，他们一下子就明白了，争先恐后地跑去找开关。

楼梯上有一个零食袋，我正要弯腰捡起时，身后的一个学生眼疾手快，"噌"的一下先捡走了。

很多学生去洗手间洗拖把时，总是不忘提上水桶，怕把保洁阿姨刚拖过的地面弄脏。

学生路过我的办公室时，常常会停下来，站在门口好奇地探头看看我在干什么，然后笑笑离开。有时他们会自觉放轻脚步，并互相提醒："嘘，轻点儿!"然后蹑手蹑脚地走过。

放学时，我们班的路队一出校门口，一位家长就大声招呼自己的孩子："快出来。"只见那个孩子连连摆手，坚定地说："到南边站点接我。"

操场上，日托的学生玩得不亦乐乎。瞧，有的推着铁环一路狂奔，有的聚在一起跳皮筋，有的分组比赛软式垒球，欢声笑语响彻校园……我举手申请要加入羽毛球比赛，他们立即同意，非常开心地轮流向我挑战。我赢了球，他们欢呼；我输了球，他们也欢呼。教师和学生，其乐融融。

就餐时，学生学会了自觉排队等候，不拥挤，不喊叫，不敲餐具。午休时，学生静静地躺在床上，闭目养神，悄然入睡。晚上，不用别人提醒，学生自己主动洗漱，脱衣睡觉。

一天，在校周托的肖永楠又闹起了情绪，哭着嚷着要妈妈来接他回家。我握着他软绵绵的小手，亲切地说："想家的孩子都是重感情的，我喜欢。不过，让妈妈在这么黑的晚上，赶那么远的路开车来接你，你不担心妈妈吗?”他停止了哭声，非常委屈地看着我。“要不，我们给妈妈打个电话吧，提醒妈妈周五下午一定早点儿来接。”他懂事地点了点头。

一次疏散演习，大家正有秩序地撤离，一个学生不小心跌倒了，后面的学生马上扶起了他。

数学老师的脚扭伤了，行动不便。我们班的学生左搀右扶，热心帮老师倒茶送饭。

每当长廊上因积雪、雨水导致路滑时，许多学生总是乐呵呵地争当我的“护花使者”，课前接，课后送。学生在我的左右欢快地说笑着，我的心情像花儿一样灿烂。

有礼貌、有爱心、爱学习、行为美……我由衷地喜欢这些可爱的学生，因为文明走进了他们的心里，表现在他们的言谈举止中，他们是我们的榜样，是我们的骄傲。

从黎明时分，到夜幕低垂，学校就是我们的家。每天看着学生高高兴兴地来上学，跟着老师读书写字，在课间尽情地嬉戏，听着他们清脆的歌声和爽朗的笑声，分享着他们的天真与欢乐，陪伴着他们沐浴着阳光一天天长大，我觉得童年一直就在身边，每一天都是那么幸福!

自主学习，小探究大世界

自主学习是学生对待自身成长的积极态度：有较强的学习动机和探究意识，能主动参与学习过程的规划和学习活动的实施。可以说，自主学习是学的最高境界，是一种高品质的学，能有效地促进学生的可持续发展。

掌握学习的方法，永远比学多少知识重要。对学习有浓厚的兴趣，养成安静读书、主动学习的习惯，永远比考多少分重要。从“要我学”转变为“我要学”，好奇、探究、体验、生成应该是学生学习的常态。在经历中“绽放火花”，是学习方式转变的内在意义。在这一过程中，教师要站在学生的身后，鼓励学生做课堂的主角，做学习的主人，体验成长的愉悦。

“点点新绿”真绝

“你在哪儿见过这个字?”“你是怎么认识这个字的?”“这个字哪儿容易写错呢?”“你是用什么办法记住这个字的?”识字课上我经常这样问，言外之意是识字的途径是多方面的，鼓励学生要在生活中积极识字，主动探究汉字的组成。

经过一年的学习，学生已掌握了许多识字方法。例如：“加一加”法，如“泉”—白开水；“减一减”法，如“背”—“北”；“换一换”法，如“欢”—“吹”；“猜一猜”法，如“金”，一个人姓王，口袋里装了两块糖；“数一数”法，如“弓”字笔画少，数数笔画记住它。这些方法大大降低了识字的难度，学生自主识字的兴趣更高了。

但是，小学生年龄小，观察不够细致，总将一些生字的细微之处弄错，纠正起来也很难。而且每届学生的错别字问题往往比较一致，都是同样的字出现同样的错误。因此，针对学生一再出现的相同的学习问题，我们就用心研究，努力换一种有创意的思维方式去解决。

以往我教过的学生，有些总是把“绿”的右下部分写成“水”，苦口婆心地给他们纠正过很多次，但误写率还是很高。我盯住这个令人头疼的“绿”字，仔细端详，并思考：如何让学生第一时间就记准它、永远写对它呢？看着看着，来了灵感：春天的时候，树叶的芽、小草都是一点一点地钻出来的，慢慢地，由点成片，汇成了一片绿色的海洋。对！春天的新绿是一点一点长出来的。于是，我让学生在书写到“绿”的最后四笔时，就念顺口溜“点点新绿”，不让错误有可乘之机！这样一来，学生兴致高涨，纷纷尝试，边念“点点新绿”边书写。在第一次的生字书写作业中，大家的“绿”字都写对了！我暗暗为自己的小聪明扬扬自得。

学生用这种方法避免了很多“高危”生字的错误。

“望”与“今”：千万不要加点，画蛇添足必出错。

“暖”：太阳抓住了一个朋友。

“展”：“尸”字头，“共”少“八”字，伸胳膊伸腿。

“商”的中间部分：倒八正八，笑哈哈。

“脚”的最右边部分：脚丫子没有小耳朵。

学生能灵活掌握识字方法，并在课堂上、生活中主动、自主识字，是识字教学的目标。因此，在识字课上，我一直鼓励学生根据自己的生活经验进行联想、分析，选择记忆字形的方法，再通过有趣的语言叙述，巩固识字，同时发展想象能力和语言表达能力。

“善”字，往届的学生常将上面的“羊”少写一横，还有的把下面的“口”写成“曰”。为了避免出现同样的错误，我启发学生同桌或四人一组，编一个故事来记住这个字。汇报交流时，李伯然编的故事很有趣。他拿着一幅小羊张大嘴巴站在草地上的画，讲道：“小羊起床后，来到草地上，因为还没有睡醒，所以张大嘴巴打了个大大的哈欠。”学生听了这个有趣的故事，不禁鼓起掌来。为了便于记忆，我们将这个故事简化成顺口溜：小羊站在草地上（“羊”字下的“倒八”和“一”可看作草地），张大嘴巴打哈欠（口字底）。这样，学生再写“善”时就不会出错了。

依照这个方法，学生用“大人带孩子去方池子里玩水”一句话就轻松地记住了复杂易错的“游”字，再也不会写错“游”的“氵”“方”“𠂉”“子”四个部分了。

针对一些形近字的易错部分，我和学生一起开动脑筋，开展了“开心识字顺口溜”创编活动。请大家来看看我们的奇妙点子吧！

“已”和“己”的最后一笔：已经露头了，自己没出头。

“辛”与“幸”的前两笔：辛苦“一点”，幸福“十”分。

“喝”与“渴”的偏旁：口渴需要水，喝水要用嘴。

“满”与“落”中“氵”的位置：缸里的水满了，流到了外面；下雨了，雨点落下来。

“拔”与“拨”的右边部分：朋友们用点力，拔河才能赢；拨动头发

丝一般细的琴弦。

……

当然，有些顺口溜的内容可能有些牵强，可能与字理不符，但确实能抓住个别难写的、容易记错的字的特别之处，胜过死记硬背，而且达到了轻松识字、趣味识字、高效识字的教学效果。

中国娃写方块字

我喜欢写字，也喜欢教学生练字。

三年级初，学生刚接触钢笔，感觉很新奇，都能耐得住性子一笔一画地写，每写好一个字就满心欢喜。可练字毕竟是件枯燥的事，时间一长，学生的兴趣就不及以前了，这让我很苦恼。

一次书法课上，我播放了一段关于外国人学说汉语、书写汉字的视频，学生看得津津有味。此时，我适时提出了预设的问题："孩子们，连外国人都在说汉语、学写汉字，我们中国娃该如何写好我们的汉字呢？"学生立即安静了下来。

"字如其人，你写出来的字就代表了你的形象。大家每天都穿得干干净净、漂漂亮亮，那我们每天也应该把字写得方方正正、工工整整！从今天开始，我先给大家做个榜样——以后无论是板书，还是批阅作业写批语，我一律写正楷字！"正人先正己，号召才有影响力。

为了营造清静的写字氛围，对书法课的课前准备我提出了具体要求：黑板一尘不染，桌椅整整齐齐，地面干干净净；文具盒、练字纸、垫纸本和钢笔，每人的"文房四宝"缺一不可。凡是认真准备的学生，就有机会做我的小助手，给大家收发作业，发练字纸。为了赢得这份"殊荣"，学生课前总是抢着收拾教室，早早地摆好"文房四宝"，自觉静坐等候。洁净的练字环境，积极的课前准备，就是为了让学生认识到练字是一件静心、优雅的事情，不能马虎，不能随意。

做事除了要有认真的态度，还要有将事做好的本事。

在练字的过程中，我们摸索出了六点需要注意的事项：

一是读帖。观察清楚关键笔画的占位、长短和起笔的参照点。

二是范写。教师板演，学生书空，再次巩固书写要领。

三是描红。边写边体会书写要领，用心揣摩。

四是临写。临摹字帖，一气呵成，再次加深读帖印象。建议写完后要停一停，仔细端详哪一笔还没有到位，同时放松一下手腕，检查书写姿势是否正确。在这个环节，我总是邀请一两个读帖仔细的学生上台板演讲解。

五是点评。我先组织学生互相点评书写情况，然后用红笔圈出其优点，修正需要完善的部分。

六是改写。学生再认真书写 1～2 次，注意规避练习过程中出现的问题，争取写出自己满意的汉字。

学习贵在得法。有了这套练字流程，书法教学就有了自主课堂的味道，学生离开教师的教，也能自己循法练字。

批改作业时，凡是学生写得工整规范的字或某些笔画，我就用红“○”圈住。如果哪些汉字写得漂亮，堪称精品，我再在“○”后面加一颗“☆”以示惊喜。整张写得都很工整、美观的书法作品，就在班上的“书法园地”中张榜公示，让大家观摩学习。一个小小的红圈圈，一颗亮闪闪的星星，一块小小的园地，极大地激发了学生勤学苦练的热情。

“‘撇’‘捺’要像姑娘的裙摆一样舒展；‘月’字的两横要留出透气的空隙；‘青’字所有的横画间距要等宽；左右结构的汉字要注意笔画避让，不能交叉打架……”对笔画书写、结构布局，我们都有约定俗成的“语言密码”。点点滴滴的规则，生动有趣的交流，让学生不仅轻松地掌握了写字的秘诀，也懂得了许多做人的道理。

想写一手好字，养成坐姿端正、正确握笔的写字习惯尤为重要。我和学生约定：在写字过程中，凡是让老师摸了一下头或扶了一下肩的学生，课后要在“黑名单”上写下自己的姓名，本次作业将适当降级。以这样“苛刻”的规定来督促学生保持正确的写字姿势，虽然狠了点，但效果良好。

习惯贵在坚持，将正确的事情坚持下去就能收获惊喜。现在，无论是书法课还是语文课，不用提醒，学生就能进入专注的练字状态，坐得端正，书写一笔一画，养成了提笔即练字的好习惯。一个学期过去了，学生越来越喜欢练字了。看到他们能平心静气地书写出一张张整洁、规范的书法作品，我的心里乐开了花！

期末，我们专门用一节课的时间来整理自己的书法作品。首先，大家将自己一学期的练字作业按照时间顺序码好，装订成册；然后，设计精美的彩色封面，并给自己的作品集起了好听的名字，如“我的墨宝”“小脚丫”等。大家在整理作品的过程中兴致很高，真切地感受到了自己每天的进步，体验到了勤学苦练带来的成就感。

随着年级的增长，我鼓励学生开始练习边听边写、边想边写，使他们掌握写得又快又好的本领，逐步形成自己的书写风格，为将来应对学习时间紧、任务重等实际问题练好“童子功”。

每日预习好读书

小时候，如果哪天语文老师布置的是预习方面的作业，如读读课文啊，认认生字啊，我们就特别高兴。因为这些作业，我们在家做了还是没做，根本没有任何痕迹，老师也看不出来。另外，这样的作业，第二天老师根本就不检查，一上课还是带着我们从头读、挨个认，即使没有预习过，也什么事都不耽误。长期下来，我们就认为，预习就是没作业！

后来，随着年龄的增长和学习任务的不断加重，我越来越认识到预习的重要性——课前预习是学生学习过程中一个非常重要的环节，是语文课堂有效学习的起点，也是提高学生发现问题能力、阅读理解能力的必要途径。

因此，当了语文老师以后，从一年级开始，我就致力于学生预习习惯的培养，鼓励学生每天坚持课前预习，在预习中初步探究新课中的学习内容，在已有学习经验的基础上提出问题，第二天带着一定的学习准备，带着问题走进课堂。

为了避免出现“预不预习一个样”的问题，我颇费了一番心思。

我从明确预习的具体要求开始，鼓励学生课前介入，初步探究，指导学生掌握可行的预习方法，有意识地让学生的手、口和脑都动起来，以保证预习的质量。

第一步，读通课文，认读生字词，给生字组两个词（一个是文中的词语，另一个是生活中的词语），将课后生字描红一遍。

第二步，再读课文，给自然段标序号，整体感知课文主要写了什么。例如，课文记了一件什么事？描写了什么美景？写了一个什么样的人？等等。

第三步，提出一个有价值的问题。

这样的预习要求易操作，学生可以完成读通课文、初步认识生字词、了解课文大意等学习任务，为在课堂上进一步学习做好充分的准备。同时，学生每完成一项任务，书上都会留有痕迹，便于课堂上的预习检查。

为了杜绝个别学生存在“预不预习无所谓”的侥幸心理，上课伊始，我总是认真组织“交流信息，归纳探究”这个教学环节，及时逐项了解学生的预习情况，组织学生交流对所学内容的不同理解和不同疑问，真正了解学生的疑难点和探究兴趣。更关键的是，我可以在此基础上梳理出本节课需要学生深入探究的核心问题，然后以学定教，增强课堂教学的针对性和有效性。

学生坚持每天课前预习，教师坚持每天组织预习情况的交流和及时评价，长此以往，学生自然就会养成预习的良好习惯。更可贵的是，学生自主提出有效问题的能力也会逐渐提高。

美国著名学者布鲁巴克说过："最精湛的教学艺术，遵循的最高准则就是让学生自己提出问题。"将课堂学习的知情权、提问权交给学生，是生本主义思想的体现，也是符合学生认知规律的必然。学生自学在先，进行了实际意义上的预习，才能够提出值得在课堂上深入探究的真问题。

题目是文章的眼睛，从课题入手质疑，可以帮助学生洞察作者的写作意图和行文思路。因此，学习一篇课文时，我常常引导学生从题目开始大胆质疑。例如，学习《画家和牧童》一课时，从题目出发，学生提出的有些问题比较浅显："牧童是谁？画家又是谁？"这样的问题学生在初读课文后就能解决，无须深究。而有的问题则可以作为研读的重点，如"他们之间发生了什么事""课文写了一个什么样的画家、一个什么样的牧童"，这样有一定思维深度的问题就是课文教学的核心问题，需要深入研读后再交流学习。

经过长期练习和专项指导，学生每读一篇文章的课题时，就有了主动质疑的习惯和提出有效问题的意识。例如：学习写人的文章《数星星的孩子》，就围绕"这个孩子是怎样数星星的""这是一个什么样的孩子"来提问；学习记事类的文章《曹冲称象》《植物妈妈有办法》等，就围绕故事的起因、经过和结果三个要素来提问；学习写景的文章《黄山奇石》，就围绕"什么美景""奇在哪里"来提问。这样的问题聚焦于教材的人文主题和语文要素，可以促进学生对文本内容的阅读兴趣和理解，提高学生对文本语言文字的鉴赏水平和实践运用能力。

更重要的是，学生提出了有效的问题，课堂教学就有了灵魂，教学目标就会聚焦。学生围绕核心问题主动思考、合作探究，就会极大地激发阅读文本的积极性和思维的灵活性，在思想上、情感上与作者产生共鸣，领悟到有效表达主题的写作方法。自然，这样的文本阅读就实现了有深度、有效且有活力的解读。

“好脑瓜”不如“烂笔头”

备课时，我习惯在课本上或圈画精彩之处，或批注教学重点，或设计教学简案，或记录读书心得，字里行间写得密密麻麻。用心在先，第二天的课堂教学自然得心应手：教学环节思路清晰，教学内容的选择、重难点的突破和实践活动的设计等了然于胸；上课时信手拈来，有时即兴发挥，有时灵活删减，游刃有余，很有底气。因此，我经常这样津津乐道：“精心批书是教师的好习惯。”

课堂上，许多学生目不转睛地望着我专心听讲。但当我提问曾经学过的关键知识点时，能说得清的学生不多。原来，学生只是在认真“听”课，并没有“记”住多少东西。

于是，我翻开我的课本让他们传阅，问：“发现了什么？”

学生惊讶地说：“上面密密麻麻的都是字。”

继而，有些学生问：“老师，您写这些有什么用啊？”

“这些都是我读这篇课文时的理解和感悟，也批注了一些难懂的词语。上课时看一眼，就很清楚这节课应该讲什么。课堂上，你们也可以试试做笔记哦。”我鼓励他们说。

“老师，我不用写也能记住。”有一些自认为脑瓜聪明的学生很不服气。

“好啊，那我们来比比吧！想做笔记的同学可以尝试一下，认为自己能用脑瓜记住的同学可以不做笔记。最后，我们看看谁记得牢。”

就这样，一场“好脑瓜”和“烂笔头”的较量开始了。起初，双方较量不分伯仲。但随着识字任务、词语积累和阅读量的不断增加，“好脑瓜”渐渐力不从心了。尤其在复习阶段，“烂笔头”一翻课堂笔记，每课的学习重点便一目了然。

从此，课堂上有了新的变化。每当我板书时，大部分学生就马上提笔做笔记，我及时表扬他们："第三组、第五组的同学真会学习！"于是其余的学生也马上效仿，不甘落后。渐渐地，学生参与课堂学习的积极性更高了，非常关注别人独特的见解、老师的板书和小结内容，对阅读感悟、精彩词句格外敏感，养成了不动笔墨不读书、上课必做笔记的学习习惯。

"不愤不启，不悱不发。"我适时予以指导："在课堂上做笔记，一是要抓住重点，不能什么都记；二是做笔记要跟上趟儿，不能影响你的思考和下一步的学习，课堂上记不下来的，下课再补；三是书写要清楚，找准位置。"

准确记住每天的家庭作业，对低年级的学生来讲是一个不小的挑战。以前，学生不记作业，每天晚上总是有许多家长打电话问老师布置了什么作业。后来，老师每天下午通过校信通、微信群或米学网发布家庭作业，学生不用记作业。但如果哪一天，老师忘了群发信息，家长和学生就全"抓瞎"了。在学生的心里，记作业是老师和家长的任务。这是一个亟待解决的问题。

记清楚每天的家庭作业，本应是学生分内的事情。而今，老师和家长的越俎代庖助长了学生的依赖心理。看来，督促学生用好"烂笔头"还是很有必要的。我让每个学生准备一个专门记录每天各科作业的备忘本，要求他们写好日期，以便核查。每天下午放学前，同桌互相检查作业记录情况，确保无误后方可离校。

这样坚持了一个学期，大家都尝到了"烂笔头"的甜头。家长纷纷反映：自从孩子养成了这个好习惯，每天节约了不少时间。另外，通过课堂笔记，家长也能及时了解孩子的学习内容和学习态度。期末，我们组织了优秀课本展评，为课堂笔记做得认真、清楚的学生颁发了"优秀作品奖"。这让学生倍受鼓舞。

"好脑瓜"真的不如"烂笔头"。学生善于做课堂笔记，有助于集中注意力，专心学习，还能培养倾听、动脑和动手的能力，提高思维的敏捷性。当然，这种好习惯还会迁移到听报告领会要点等方面，使自己不错过任何宝贵信息。

课堂是学生的主场

课堂上，我喜欢学生提问时的好奇，喜欢他们皱着眉头思考问题时的专注，喜欢他们分组讨论问题时的热情洋溢，喜欢他们得出结论时的欢呼雀跃……因为，这样的学生才是课堂真正意义上的主角。

苏教版小学语文二年级下册教材中的《真想变成大大的荷叶》是一首儿童诗，展现了孩子们在夏天的美好遐想，洋溢着浓浓的童真童趣。本课的教学重点是，理解生字词，有感情地朗读并背诵课文，激发学生对美好大自然的向往，体会亲近自然的愉悦。

陶行知认为：好的先生不是教书，不是教学生，乃是教学生学。在课堂教学中，我努力唤醒学生的主体意识，引导学生主动参与整个学习过程，采用自主探究和合作交流的学习方式，在阅读文本的过程中发现、提出、探究、解决问题，从而获得一定的知识和能力。

上课伊始，我鼓励学生带着问题开始学习。初读课文标题，学生纷纷质疑："夏天来了，小诗人想变成什么？""小诗人为什么最想变成大大的荷叶？"我顺水推舟提出了初读课文的学习任务："同学们提出的问题很有价值。请大家带着这些问题认真朗读课文，文中自有答案，边读边画出来吧。"此时，学生读书的专注力、思考的积极性自然生发。

初读课文后，我组织学生认读生字词、交流读书收获。"请大家用上文中的词语简单地说一说第一个问题的答案。"这个环节，既可以培养学生连词成句的语言组织能力，也能锻炼学生整体感知文本大意的概括能力。

"夏天来了，小诗人想变成雨滴、小鱼、蝴蝶、蝈蝈、星星和新月，最后，他想变成大大的荷叶。"我提供了相关句子支架，学生在初读文本的基础上，轻松地解决了第一个问题。

"请用上'首先''然后''最后'这些词语，再来说说第一个问题的答案。”同样的意思，可以鼓励学生变换一下说法，以锻炼其语言表达能力。

引导学生在感知文本大意的基础上，适时提出整体推进文本阅读的核心问题，是自主课堂的关键环节。

于是，我请学生用上一个“比”字再说说第二个问题。“荷叶比雨滴、小鱼、蝴蝶、蝈蝈、星星和新月，好在哪儿?”我适时归纳：“大大的荷叶与雨滴、小鱼、蝴蝶、蝈蝈、星星和新月相比，到底有什么特别之处，值得小诗人如此向往呢？这是一个值得探究的问题。下面，我们就围绕这个核心问题深入阅读、思考与交流。”

二年级的学生还不具备独立阅读的能力，因此，我们以意义板块为单位，逐步展开阅读探究活动。

首先，学生阅读诗歌的第 2～4 小节，根据要求完成探究任务：“小诗人不仅想变成雨滴，还想变成小鱼、蝴蝶、蝈蝈、星星和新月。你想变成其中的哪一个，就来读一读写哪一个的诗句，读出你的感受。”

在这个环节中，学生以阅读主体的身份自读自悟，与自己喜欢的事物亲切对话，展开丰富的想象，体会美妙的意境，然后有感情地朗读，积累优美的语句。

在个体探究的基础上，学生通过同桌交流、小组讨论、班级汇报等方式分享了自己的阅读收获：“雨滴把绿叶当成了一张大大的床，睡在上面多舒服哇!”“我在清凌凌的小河里游来游去，很快活。”有的学生还通过动作、唱歌等方式来表达自己的感受。教室里书声琅琅，笑声一片。

此时，我适时介入，启发学生再思考：“读了这三个小节，大家说说小诗人的愿望是做一个怎样的人。”由此，学生懂得了小诗人原来是渴望快乐的，为下一步感受荷叶的品格做好了铺垫。

诗歌第 5 小节是解决核心问题的关键板块。我抓住“静静地”这个最能表现荷叶美好品质的关键词语，引导学生体验诗歌的语言，感悟荷叶的形象。

“‘荷叶像一柄大伞，静静地在荷塘举着。’是什么样子呢？大家来表演一下吧。”学生纷纷站起来，举起双手，高高地举着，教室里一片安静。我用最安静、最柔和的声音旁白：“我们挺直的腰板就是荷叶的茎，高举的手臂围成了圆圆的荷叶，亭亭玉立在荷塘里。请大家带着感情跟我读：‘荷叶像一柄大伞，静静地在荷塘举着。小鱼来了，在荷叶下嬉戏，雨点来了，在荷叶上唱歌……’大大的荷叶们，请静静地坐下，静静地想一想：小诗人想变成大大的荷叶，是因为大大的荷叶与雨滴、小鱼、蝴蝶、蝈蝈、星星和新月相比，有什么特别之处呢？”

一对比方知差距。“雨滴、小鱼、蝴蝶、蝈蝈、星星和新月，都是自己很快乐。而荷叶，是静静地给小鱼、雨滴带来快乐。”多么纯真的心灵，多么美好的向往！教学难点就这样在学生丰富、有趣的阅读实践活动中顺利突破了。

核心问题解决了，我根据“最近发展区”原理又创设了新的问题情境，鼓励学生“跳一跳摘桃子”，提升探究水平。“第 5 小节最后是六个点——省略号。请大家展开想象，想想荷叶还给谁带来了快乐。请用‘________来了，在荷叶________’的句式来说一说。”学生最喜欢“异想天开”：水珠、蜻蜓、螃蟹等各种可爱的小生灵都来了，它们在荷叶上或荷叶下开心地游戏，欢快地歌唱。

诗歌篇幅是有限的，学生拓展探究的空间是无限的。最后，我鼓励学生用“夏天来了，我想变成……”仿写诗句，以表达自己美好的向往。“夏天来了，我想变成一只青蛙，为人类捉害虫护庄稼。”“夏天来了，我想变成一朵荷花，为人们带来美的享受。”“夏天来了，我想变成一棵大树，为人们送来一片阴凉。”……

学生的即兴创作串成了美丽的诗行，字里行间跳动着思维的火花。学生在富有个性的表达过程中，深化了对主题的理解，习得和发展了语言，享受到了“活的语文”。

童心飞扬，智慧在场，课堂上收获了精彩的生成，有了生命的色彩。看着他们清澈的眼睛、纯真的笑脸，看着他们动情表达的样子，我陶醉于这美好的时光里。我喜欢这样的课堂，因为这里是学生的主场！

写作业，不要陪

语文测试成绩出来了，金悦涵的分数依然很一般，没有任何起色。我很纳闷：平时，他写作业很认真，每一个字都是工工整整的，并且全对。课堂上虽然发言不多，但注意力非常集中。这是一个很乖的孩子，可为何成绩总是平平呢？

我找来悦涵询问原因。没想到，他却哭诉起来："您能不能劝劝我妈妈，以后不要陪我写作业了？"

原来，每次悦涵写作业时，他妈妈总是尽职尽责地陪在旁边，随时指点。哪个字写得不好看，"擦了重写"；哪道题做错了，"擦了重做"。甚至，"适时"来一巴掌，及时提醒。家长这种"严防死守"的陪读方式，让他没有任何安全感，没有心思安静思考，战战兢兢的。于是每天的家庭作业时间，便成了让他毛骨悚然的"梦魇"时分。每天下午一放学，他就紧张，害怕妈妈说："今天什么作业？快点掏出来，我陪着你一起写。"

我答应了悦涵的请求，又特别提醒他："不想让家长陪着写作业，就要好好独立完成，证明给家长和老师看，自己是一个不用大人操心、能够自主学习的孩子。"

我特意给全体家长发了一张《学生自主作业记录表》，并明确了具体要求："我想调查一下学生独立完成作业的情况，主要从其主动性、书写态度、完成时间和效果等方面展开调查。孩子完成作业期间，请家长不要提醒，不要陪同，不要打扰，不要替孩子检查作业。拜托各位家长配合，按照表格做好记录即可。"

当天晚上，悦涵的妈妈就打来了电话："徐老师，我担心极了。因为以往都是我盯着他写作业，书写啊，正确率啊，我心中都有数。现在突然不要陪了，我很不适应，在旁边干着急。"能听出来，她的内心很纠结，

“但孩子的状态很好，放学后主动写作业，态度也很认真，用的时间比平时也短。但是作业质量，我心里真没底。”

第二天，我首先批改了悦涵的作业。他书写得很认真，个别字大小不一，但整体来看是很工整的。作业中共有两处错误：一是易错字“展”，需要引导学生自主拆分这个汉字，再强化识记；二是一处标点符号少了后引号，属于马虎，需要有意注意。这两处错误都有代表性，反映出学生学习中的真实问题。从这个层面来说，我要感谢他。

通过批阅其他学生的作业和记录表，我收集了更丰富的一手资料，为下一步调整教学策略提供了重要依据。因此，我恳请各位家长继续保持“旁观”态度，鼓励学生独立完成作业，培养学生的自主性和责任心。

随后，我特意给悦涵的妈妈打了一个电话，再次表述了我的建议：“放心吧，您有一个很懂事的孩子。您放松点，让孩子自己去完成属于他自己的任务。”

悦涵妈妈认为我的建议有道理，但依然顾虑重重：“如果不盯着，孩子写作业会磨蹭到很晚，一会儿去卫生间，一会儿又要喝水，大人看着真着急。一不盯，二不检查，是不是对孩子的学习有点儿不负责任呢?”这也是许多家长担心的问题。

就独立完成作业这件事，我和学生之间有“三不”约定。

一是不办杂事。一旦坐下来写作业，中间不再办其他事情，保证专心致志。如上厕所、喝水、吃水果等事情，一律提前办好。

二是不超时。每天写作业的时间不超过半小时。书桌旁边放上闹钟，时间到了，就不要写了。如有没写完的情况，第二天在小组内反思。

三是不让家长检查。作业完成后，自己检查，有错误及时订正。

很显然，“三不”约定就是为了培养学生专心做事的独立性、时间观念和责任感，使他们学会做好自己的事情，不让家长操心。

其实，让孩子独立完成作业，不是说家长完全不管，而是要学会“热眼旁观”。每当孩子自己检查出一处错误时，家长要大力表扬孩子有一双“火眼金睛”，肯定孩子主动检查作业的好习惯。遇到听写或朗诵作业时，家长要欣然“友情赞助”。家长看到孩子作业中有错误时不要着急，若他自己发现了，肯定会及时订正，否则第二天就得不到小红花了。若孩子自己实在没有检查出来，家长也不必紧张。第二天老师批改后，孩子还有订正的机会，小组长还会“重审”呢。待复习时，作业本上的这些错误，就是孩子进行有效复习的珍贵资料。出现错误、改正错误的过程，也是孩子积累学习经验和教训的过程。

从此，我经常主动联系悦涵的妈妈，夸奖悦涵在课堂上认真听讲，表扬悦涵作业方面积极纠错、认真书写等突出表现。期末考试时，悦涵的语文成绩终于提高了，悦涵的妈妈舒心地说：“没想到，我不管竟然比原来‘狠’管的效果还好呢!”

在自查中获得自信

“太阳公公开始微微地笑，我们的未来要好好抓牢。每个人都带上幸运符号，那是最简单的微笑……”杨子玉哼唱着，蹦跳着，像一只欢快的小鸟。这是他上学以来第一次取得听写满分，那种欣喜之情溢于言表。

子玉是一个热爱学习的孩子，上课积极回答问题，放学后总是先写作业再玩耍。他的理想是当一名医生，因此，我总爱喊他“子玉医生”。可是，无论是或大或小的测试，还是平时的家庭作业，子玉从未得过满分，同学们戏称他为“未满将军”。为此，他很苦恼。这个问题不解决，怎么配当一名称职医生呢?

一天放学后，子玉的家长有急事，不能按时来接他。于是，我带他到办公室写作业。

当天的语文作业很简单，就是朗读课文并自学第二单元的生字词。不到 10 分钟，子玉就轻松地完成了。我随手拿起他的作业一翻，竟有四个生字写错了——“烽火”的“烽”，右半部分少写了一横；“辜负”的“辜”，

“古”字下面少写了点、横；“咽喉”的“喉”，单人旁右边多写了一竖；“厨房”的“厨”，半包围结构变成了左右结构。

“尊敬的子玉医生，作业中有几个字有毛病了，拜托您将它们找出来好好治治吧。”我忍不住跟子玉开起了玩笑。子玉不好意思地抓了抓脑袋，接过了作业本。他用手指着汉字一一查看，特别认真。第一遍，没有发现一个错字。第二遍，还是没有找出来。他眉头紧锁，嘴里不停地嘟囔："哪儿错了?"

“孩子，检查作业，除了逐一查看，还有另外的方法，比如与课本对比着自查。”我一边说，一边打开课本，“自查的时候，先观察课本上的生字结构及各部件的笔画，再与自己书写的汉字进行对比，你一定能发现自己写错的地方。你先用这个方法试着检查‘厨房’的‘厨’。”

“先看课本上的‘厨’，半包围结构；再看作业本上的‘厨’……我怎么把它写成了左右结构？唉——”杨子玉狠狠地拍了一下自己的脑门儿，懊恼地叹气说。

“很好，你已经基本掌握了自查的方法。子玉医生，那就请你给所有的生字诊断一遍吧。”

……

可喜可贺，子玉终于把错字全部找出来了，并用红笔标出自己写错的地方，还在旁边工工整整地订正了三遍。

第二天，听写生字词时，子玉破天荒地得了满分！于是，就出现了文章开头的那一幕。

我请本次听写大赛的“汉字英雄”分享成功经验，当然也包括子玉。

“自查帮我获得了自信。大家都知道，我是大家公认的‘未满将军’。起初，我特别讨厌这个称呼，想通过多做题，早一天摆脱这个绰号。可无论我怎么认真，还是摆脱不掉这个绰号。时间一长，我就自暴自弃了……是老师的对照自查法，让我取得了听写满分，打破了‘未满’的魔咒。”子玉激动地讲出了自己的心里话。

趁此机会，我对今后的基础性作业——听写生字、默写课文等提出了进一步的要求："请同学们采用这种与课本对照的方法自查作业，若有错误及时订正，并在当日作业的下方签上'已自查'。第二天，组内交流自查阶段发现的问题，提醒大家注意。"

继而，数学老师也针对如何自查作业、试卷做了专项指导："自查填空题、选择题或应用题时，不能只看自己列的算式或得数，而是要重新审题，用心阅读题目要求，再检查算式是否列对了，计算是否正确。计算题也可以用验算的方法自查，能倒推成功的肯定错不了。"

经过一段时间的训练，学生不仅作业质量提高了，自学能力也增强了，还变得更加自信了。许多家长留言说："孩子已经养成了自查的好习惯，现在的作业质量越来越高了!""孩子学会了认真检查，改掉了原来粗心大意的坏毛病，做事也比之前细心多了!"

学习贵在得法，教师不要一味强调学生的学习态度要认真，而要激励学生在动手、动口、动眼、动脑等学习实践活动中，变"要我学"为"我要学"，唤醒学生自主探究的主动性和创造性，使学生体验获取成功的愉悦，从而产生积极的心理情感——自信。自查，就是使学生树立自信的好方法。

快乐复习方法多

一提起语文总复习，许多教师和学生都觉得没意思：不就是再抄写抄写生字词、读读背背课文吗？不就是做一张又一张的试卷吗？试想，这种"烫剩饭""赶任务"的复习活动哪有乐趣可言？何谈有效学习？

对低年级的学生而言，兴趣是最好的老师，专注是最难的复习状态。如果设计的学习活动是有趣的，能吸引学生的注意力，且使之乐此不疲，那么复习的效果肯定会事半功倍。因此，在低年级复习环节，我总是想尽办法鼓励学生突破关键问题，组织一些游戏来吸引学生投入巩固练习，使学生在自由、活跃的气氛中，产生个体探究和集体交流的学习热情。

在集中复习汉语拼音时，我们采用“拼音扑克牌”的方式在游戏中巩固练习。学生人手一套自制拼音扑克牌，两人或小组内比赛，规则如下：一方抽出一张牌，另一方若读对上面的拼音，就可以将这张牌拿走。最后，谁手里的牌最多，谁就是赢家。一下课，学生就开始挑战，玩得开心，学得扎实。

低年级生字词识记量大，如何激励学生愿意记又记得牢呢？“拉网排查易错字”的办法很有效。

例如，一年级下册《春夏秋冬》一课，我们这样组织复习：首先，学生课后在书写本的田字格前空白处认真抄写每一个生字，遇到自己原来总是写错的生字要多写几遍。如“春”字下面的“日”，“风”字的第二笔“横折弯钩”容易出错，学生可根据自己的情况自觉强化。然后，全班学生统一听写本课生字词，并由同桌互相批改。听写有错的学生，将错字再认真订正两遍。

一个单元的生字词复习完了，学生就可以挑战本单元“看拼音，写汉字”模拟试卷了。为了鼓励学生规范书写，我在拼音下方一一配上田字格。果然，学生笔试时，个个胸有成竹，做到了规范书写。批阅试卷后，我将卷面整洁和获得满分的试卷张贴上墙，隆重表扬。有失误的同学，要将错字在试卷上订正两遍。如此一来，本单元易错的生字词就浮出了水面。为了将这些易错字词“一网打尽”，学生将其一一抄写到黑板报上，并用红笔描出易错笔画或部分，提醒大家格外注意。学生在课本最后的写字表中也要将其圈出来，提醒自己一定要格外小心。

这种拉网排查式的复习方法，吸引了低年级学生的有意注意，使其集中精力发现问题，主动强化记忆，学习效果比较好。

积累语言是小学生学习语文的基础。对于生字词的积累，词语接龙是一项非常有效、有趣的游戏。我说“春天”，你说“天气”，他说“气人”……头脑风暴，思如泉涌，源源不断，海量积累。当然，对词语的有效复习不能仅仅停留在口头上，还要注意书写正确，才能有利于以后的准确运用。关于课文和“语文园地”中需要积累的词语，可以通过在书中找找、画画、写写的途径来整理复习，引导学生熟练地掌握优美的词语或精彩的语句。每一课需要特别注意的关键词和语句，我都鼓励学生在课题旁边再写一遍。如《狐狸和乌鸦》这个故事中蕴含的道理，我在引导学生交流的基础上，让学生适时将“不要听坏人的好话”这句话抄写到课题前的空白处。如果之前学习时有这方面的读书笔记，也要将这些关键词或语句再巩固一遍。特别是单元精彩词语和关键语句的听写，我会给每一位学生发一张崭新的方格听写纸，要求写清课题，词语中间要空格，书写要认真，速度要把握好。因为复习任务很具体，要求很明确，所以无论是批注还是听写，学生都完成得非常认真。态度决定一切，学生保持安静、专注的学习状态，复习效果自然差不了。

背诵课文也是低年级学生学习语文的重点任务。期末，我采用抽签的方式鼓励学生参与专项达标测试。人手一个信封，里面装着需要背诵的课文题目签，一课一签。学生可以带回家自测，也可以课间生生互测。过关一课，抽出一签。全部过关后，方可找老师抽测。每人有两次测试机会，按最好的一次计入期末成绩。这种抽签游戏极大地调动了学生背诵课文的积极性。

对于课内外阅读与理解方面的复习，我采用“知识竞赛问答”“幸运大转盘”（抽到电脑转盘上的几号就答几号题目）等形式，吸引学生挑战一些模拟练习题。对于课外阅读方面的补充练习，我根据低年级学生喜欢听故事的特点，先提出需要思考的题目，再将相关阅读材料绘声绘色地讲给学生听，引导学生带着问题仔细“阅读”，用耳用脑，专心聆听，思维活跃。在交流环节，学生踊跃发言，积极表达自己的观点，非常自信。

二年级时，我还尝试了“我来出题”综合复习实践活动，鼓励学生根据要求创编练习题，同学之间互相交换答题，然后互相批阅、写评语，并推选出“最佳出题人”和“最佳答题人”。这些本属于老师的权力，一旦交给了学生，他们个个兴致盎然，很有成就感。不论是出题、批改试卷，还是推举优秀的环节，他们比我的要求都严，比我还有耐心呢。

复习不仅仅是为了最后的分数，更是为了在学习过程中有所收获。学生在整理与归纳知识的过程中，在运用知识和技巧解决问题的经历中，形成的情感、态度和价值观尤为可贵。

一张考卷的意义

一天，儿子举着试卷蹦蹦跳跳地回家，骄傲地捧给我看："妈妈，数学期中考试我考了98分，第一名，怎么奖励我?"

我立即接过来，一眼就看到鲜红的"98"像儿子的笑脸一样灿烂。"分数不错，有出息。"我脱口夸赞道。信手翻阅了一下试卷，有两处被扣分：一道连线的题目漏连了一组，一道计算题结果错了。

看名次吧，比别的孩子都靠前，得到奖励是应该的。但我对儿子的名次从来没有要求，成绩达到优秀即可。可是如果孩子只考了60分，也是班级第一名，你还会为他的第一名感到沾沾自喜吗?

看分数，儿子的成绩确实不错，比上次的95分有进步。但这样比较又有何意义呢? 这两次试卷的题目不一样，这次分数高就能证明他的综合能力有进步了吗? 想想也不尽然。

那看什么呢? 我觉得应该看试卷中的错误。通过错题分析，你才能帮助孩子发现学习中的问题。比如，在这次考试中，连线题出现的错误，是孩子马虎遗漏，是孩子没有掌握连线题的解答技巧，还是孩子觉得剩余的这一组不匹配，所以没有连? 第二处计算错误，是不认真，是不会算，还是不会检查或没有检查?

我将这两道错题重新誊抄在一张纸上，让儿子再写一下做题的过程。我发现，他完成连线题时，思维是跳跃的，左连一个，右连一个，最后都连完了，连上次遗漏的也连对了。

“妈妈，考试时我怎么就漏了呢？”儿子不好意思地说。顿时，我明白了问题的原因。首先是他做题时太匆忙，漏了一组没有发现。其次是完成这类题目时，他没有按照一定的次序完成连线，而是随意地配对，这样就容易出现遗漏。

第二道错题，儿子很快就完成了，结果也正确。那问题出在哪里呢？还是马虎吗？儿子从书包里掏出演草本，翻看了那一道题目的计算过程——“哎呀！我往试卷上抄错了。”儿子懊恼地拍了一下自己的脑门。问题也找出来了。

接下来，“对症下药”。针对第一道错题，我教儿子学习按顺序依次连线的方法：从左依次配对连线，遇到不清楚的，先用铅笔圈起来，再依次完成后面的配对连线，最后思考被圈起来的剩余题目。如果遇到上下各剩一个的情况，即使拿不准，也不妨直接配对。这叫排除法，千万不可以放弃。检查时，也要按照依次连线的方法一一排查，肯定不会漏题。

“儿子，这些计算题，你都是怎样检查的呢？”了解孩子的思维过程，方可发现问题的症结。

“我会再算一遍。得数和原来的一样，我就认为不会错。”

“重新算，比对得数，是个好办法。我再教给你一个更好的办法——验算。这是一道减法题，我们就用加法来验算。如果是一道加法题，就用减法来验算，很管用。我们来试试吧。”儿子瞪大了眼睛，注意力特别集中，一会儿就掌握了验算的方法，他很有成就感地说：“我学会了验算，计算题肯定不会出现错误了。”

“那也不一定。”我想到了应用题，“如果应用题的算式列错了，即使计算正确也不行。”

“妈妈，那这样的题目有什么检查妙招吗？”儿子迫不及待地问。

“有。你先想想，如何检查算式有没有列错呢？只看算式的数字和加减符号可以吗？”我启发他说。

“哦，检查应用题时，要再读一遍题目，重新列算式，再和试卷上的算式比对，就可以了。”

是的，许多孩子总是遗漏重新审题这个环节，儿子能想到这一点，实在难得。

一张98分的试卷，我们及时分析和查漏补缺，不但没有助长孩子满足现状的骄傲情绪，还帮助孩子学会了考试的技巧和方法。孩子的能力得到了进一步的发展。

因此，家长看到孩子的考试成绩时，先不要急着批评或奖励，而是要静下心来和孩子一起分析。孩子不会的题目，家长要及时补课，不要欠账，让孩子及时学会新本领。除此之外，还要重视孩子的卷面情况，从书写、试卷的整洁程度判断孩子的做事态度。对于做题马虎的孩子，就从督促孩子认真书写、保持卷面整洁开始纠正，效果肯定比你苦口婆心地说上一百遍“不要马虎”“考试时一定要认真”强一百倍。

学习的三件“法宝”

“好好学习，天天向上。”没有一个学生不在乎自己的学习成绩，教师和家长都希望孩子的学习成绩越来越好。因此，每带一届学生，我都会引导学生掌握三件“法宝”，帮助他们提高成绩，而且屡试不爽。这三件“法宝”是我在长期的教学实践中发现并多次论证过的，具有普遍规律性，而且是经一线教师确认无误后被广泛认可的。

邻家的孩子王慕希从小爱读书，每天书本不离手。每次来我家玩，她都直奔书柜，挑出感兴趣的书，坐在沙发上一直读到父母喊她回家。读中学时，她的学业负担非常重，早操，早自习，每天8节课，没有午休，晚自习听老师讲题，近22点了还要完成当天各科的作业。在这种紧锣密鼓的学习生活中，尽管班主任三令五申不许“三心二意”，不许“浪费”做题时间，但她依然坚持课外阅读。为了躲过班主任的“火眼金睛”，她给课外书包上了语文或数学等教材的书皮。每天周而复始的、高负荷的学习压力，在她的眼里不过是小菜一碟，除了偶尔看书“不够痛快”，其他一律从容应对，不在话下。每次检测，她的语文成绩几乎都是满分，其他学科也齐头并进，学习成绩一直遥遥领先。中招考试时，这个天天偷着看课外书的姑娘竟然考出了660多分的优异成绩。

这个姑娘就拥有我说的第一件“法宝”——爱读书，多读书，多读好书。每天下午20分钟的阅读时间，我总是给学生推荐一些好书，带领学生分享读书的快乐与收获，在书的海洋里尽情地遨游。经过坚持不懈的努力，学生慢慢地养成了良好的阅读习惯，他们在阅读中提高了理解、思辨能力，而且丰厚了自己的学养。这就是我校的学生为何作业负担轻、成绩却很好的秘密。因此，要想取得好成绩，务必好读书。

从教25年，我批阅过无数的学生作业和试卷，惊奇地发现：无论是作业，还是试卷，凡是卷面干净、书写认真且善始善终的学生，他的学习成绩肯定优秀！“是真的吗?”许多老师对这个结论也非常好奇，于是翻阅了大量的过程性资料，最终心服口服。

因此，在低年级教学中，我一直特别重视学生的书写态度和能力，经常用各种办法督促学生掌握正确的坐姿，使学生不断提高书写质量和速度。凡是书写认真、书面整洁且涂改得少的作业或试卷，我就给予“A☆”的特别奖励。这种简单而醒目的评价方式，既调动了学生主动、认真书写的兴趣，又强化了学生认真思考、细致作答的好习惯。

每次作业检查或考试后，我班都会隆重举行“优秀作业”“优秀试卷”展评活动，希望通过这些活动告诉学生：要想取得好成绩，务必好好写字。这就是第二件“法宝”。

每次考试前几周，一些教师和家长就会焦虑起来，在学生耳边反复强调“抓紧”“好好复习”“要考试了”，导致一些学生在复习、饮食、睡眠和考试时很不安。浮躁容易让心灵滋生杂草，心静方能催生智慧。好读书和写好字，也都是在心静的情况下才做到的。

目前，我们处于一个信息化的时代，电脑、手机、互联网的普及让学生变得越来越浮躁：做事没有耐心，遇到问题不想深入思考，自我意识膨胀。一些学生书写不认真、作业错误率高，也跟心不静有关。因此，我总是暗示他们："放慢脚步，不要让自己的灵魂跑丢了。"考试前，我总让学生闭上眼睛，听舒缓的音乐放松身心，保持教室、书桌和房间的整洁，走路放慢脚步，以此有意识地暗示他们："让自己的心静下来!"心静了，注意力也集中了，做事的耐性就增强了，书写的错误率自然会明显下降。因此，要想取得好成绩，务必静下心来。

好读书，写好字，静下心，这三者之间存在着相辅相成的关系，是养成好习惯和取得好成绩的先决条件。学生一旦掌握了这三件"法宝"，将自觉将其转化为优秀的意志品质和丰厚的人文素养，不但能取得优异的学业成绩，而且有益于一生的发展。

长满"果实"的"书签树"

刚入学的学生识字较少，有的还不能自己阅读。为了让他们爱上阅读，我想了许多点子。

每天的阅读时间，我坚持给学生读故事。最先读的是一些篇幅短小、情节有趣的童话故事，学生不一定听得多么明白，但喜欢听就足够了。后来，我开始给学生读《小巴掌童话》《小猪唏哩呼噜》等整本书。每听完一个故事，他们总是兴奋不已、意犹未尽，期盼我能继续读下去。每逢读到精彩处，我一句"且听明天再读"，惹得大家心里直痒痒，等不及就嚷着让爸爸妈妈买来读。一时间，学生听故事、讲故事、读故事的兴趣越来越浓。

学生产生了读书的欲望，也能借助汉语拼音自己阅读了，那么如何让他们保持源源不断的阅读动力呢？我特意在教室后的黑板上腾出一大块空地，用彩色卡纸剪裁制作了一棵大树贴了上去。

学生立即围了上来，好奇地问："徐老师，您在种树吗?"

我笑着说："不是我种，是你们种！"

"我们种？怎么种呢？"他们一脸的疑惑。

我神秘地说："这棵树是我们班的'书签树'。你们每读完一本书，就和爸爸妈妈一起制作一张果实形状的书签，然后挂在这棵树上。一学期下来，这棵树上肯定会挂满'果实'。谁的'果实'最多，我就送谁一本好书！"

邵逸飞抢先说："那我一天读一本，我想要徐老师的好书！"

"别着急！"我故意不紧不慢地提出了以下阅读要求，"漫画书不算，杂志不算，笑话书不算，提倡大家读整本书。现在你们认的字还不够多，可以读带拼音的书，可以让爸爸妈妈陪你们一起读，也可以读绘本。"

学生立刻来了兴致，兴奋地讨论着要读什么书，谁家有哪些书，大家怎样交换着读……

父母陪伴孩子阅读，既能分享彼此的收获，又能在无形中增进亲情。亲子阅读将带给孩子美妙的心灵体验，使孩子爱上阅读。因此，我向家长提出了倡议："孩子爱上阅读是快乐童年的开始，请帮孩子多买一些适合孩子读的书。每读一本书，请您和孩子一起制作一张果实形状的书签，并在上面记录下孩子读书的时间、读书时的态度及您的评价。我已在班里种下了'书签树'，期待您和孩子结的书签'果实'越来越多！"一声"令下"，立即赢得了家长的响应。

有了家长的参与，"让孩子爱上阅读"的愿望就有了坚实的后盾、丰厚的土壤，学生的读书热情越来越高。每天下午的阅读时间，教室里一片静谧，学生静静地读书，时间静静地流淌。在这浓浓的书香氛围中，一些不爱读书的学生也不由自主地捧起了书。有时我会请识字多的学生上台朗读故事，台上的学生读得绘声绘色，台下的学生听得津津有味；有时我会请学生轮流介绍自己正在读的好书。书成了我们最亲近的朋友。

一天，突然有双小手伸到了我的面前——一张粉红色的桃子卡片！"呀！桃子书签！"我惊喜地接过来，如获至宝。看着家长娟秀的字迹和学生自信的眼神，我的内心一阵激动，赶紧把这张书签"请"到了"书签树”上，然后对全班学生说：“看！‘书签树’上长出了第一颗‘果实’，这是李宇恒种的！请大家用热烈的掌声感谢他！祝贺宇恒！”雷鸣般的掌声中，宇恒的眼睛亮亮的，充满了骄傲。

没过几天，惊喜纷至沓来，学生陆陆续续在“书签树”上挂上了各种各样的“果实”——苹果、香蕉、西瓜……彩色的卡纸，亮晶晶的吹塑纸，结实的牛皮纸，还有的是衣服标牌……张张可爱至极，上面写满了家长对孩子真诚的赞美和热情的鼓励。

一年后，“书签树”上的“果实”越来越多，层层叠叠，色彩缤纷，真像一棵硕果累累的大树哇！下课了，学生都喜欢往“书签树”下一站，看看你的书签，读读我的书名，交流书里的故事，点评家长的留言。每周语文活动课上，我们组织读书交流会，说说读书的收获，谈谈父母的鼓励，读读有趣的片段，演演书中的情节……阅读，成了我们喜欢的生活方式。

学生在这棵“书签树”下悄悄地成长着：一刻也停不下来的“小淘气”在阅读课上安静了；曾经一说话就羞涩的女孩子能上台讲故事了；课堂上，一些学生发言时不时会冒出一些精美的语句、独到的见解……

这棵长满“果实”的“书签树”，早已深深地种在了学生的心里。“书签树”只是一个形象符号，却激发了学生持久的阅读兴趣。这棵郁郁葱葱的“书签树”，留存着学生爱上阅读的印记，承载着学生沉甸甸的阅读收获，孕育着学生健康成长的一切可能！

开有益之卷

入学没多久，我们班的学生已养成了每日主动安静阅读的习惯。每天下午的阅读时间，不等上课铃响，他们就已像模像样地捧起书，专注、认真地读起来，仿佛一株株幼苗在春雨的滋润中悄悄地生长。

我轻轻起身，近距离了解每一个学生的自由阅读情况。此时，马泽飞正在入迷地看一本漫画书，字体非常小，画面很杂乱。我赶紧留意旁边的几个学生，有看画报的，有看可爱公主系列的，还有看迷宫的……这么宝贵的阅读时间，这么安静的读书环境，却有学生不读好书，太浪费了，教师怎可坐视不管？

简单、直接的批评会挫伤学生的阅读热情，那么如何吸引他们爱上那些又有趣又有营养的书籍呢？

就从我读好书开始吧。每天下午阅读时间和课后时间，我一有空就坐下来捧起诸如《小猪唏哩呼噜》《我爸爸》《我和小姐姐克拉拉》等儿童读物，津津有味地读起来，时而笑，时而叹息，时而感动得热泪盈眶，在学生面前尽情流露自己的情绪。他们不由得好奇地问我读的是什么书，书中都讲了什么……我总是非常认真地一一回答，真诚地畅谈我的读书感受，并将书中的精彩片段绘声绘色地读给他们听。

同时，我倡议所有家长按照低年级必读书单参与“亲子共读”行动。每天晚上洗漱后，家长一定要陪孩子一起读书，也可以读书给识字量小的孩子听，时间不少于15分钟。请注意“读书给孩子听”，一定是家长出声为孩子读书，而不能以放录音的形式偷懒。家长读到关键处，要放慢速度，变化自己的语气，吸引孩子的注意力。家长充满感情地读，会让孩子感受到家长对阅读的热情、对文字的独特理解、对孩子的真挚情感。而且，亲子共读仿佛是家长与孩子手牵手到故事王国中旅行，有一种神奇的效果，会让孩子感到温暖，情绪安静且快乐。

接下来，我专门设计了阅读指导课，带领学生体验读整本书的过程，掌握读整本书的方法。“拿到一本书，我们先从封面读起，了解书名、作者、插图等基本信息。然后翻过扉页，浏览目录，感知这本书的整体内容。接下来，可以逐页细读每篇文章，不放过任何一张插图，也可以根据目录挑选自己感兴趣的篇章细读。遇到精彩的句子，一定要圈画出来，留下仔细阅读的痕迹，便于以后交流分享。最后，读封底信息，读名家推荐阅读的书评，更全面地了解这本书。”

语文课堂是推荐优秀书籍的阵地。从一年级开始，我一直结合语文教材指导学生阅读《语文素养读本（小学卷）》。在每周的阅读课上，大家轮流推荐适合低年级学生阅读的好书，分享阅读收获，或朗诵精彩片段，或交流读书心得，或表演改编后的课本剧……

同时，学校还编写了低、中、高年级阅读记录卡，记录卡分别列举了国家推荐书目和学校阅读课程必读书目，我又补充推荐了一些优秀书目，鼓励学生做好平时的阅读记录和自我评价，期末组织评选“读书之星”活动，积极营造了读好书、好读书的书香氛围。以下为低年级阅读记录卡的相关内容。

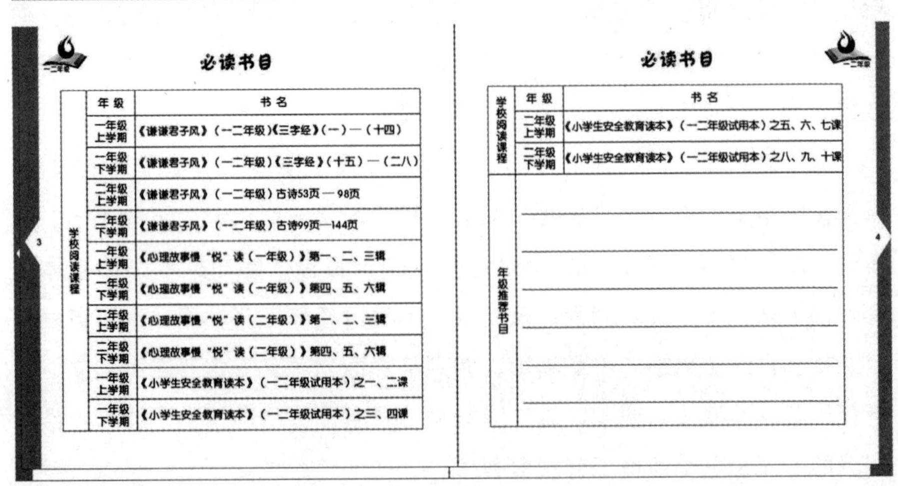

必读书目

	年级	书名
国家推荐书目	一年级上学期	“神奇校车”系列、《小猪唏哩呼噜》、“不一样的卡梅拉”系列、《我有友情要出租》、“第一次发现”系列
	一年级下学期	《蝴蝶·豌豆花》《没头脑和不高兴》、“百岁童谣”系列、《格林童话选》、《一粒种子的旅行》、“动物王国大探秘”系列
	二年级上学期	《稻草人》《三字经·千字文·弟子规》《十兄弟》《让路给小鸭子》《我和小姐姐克拉拉》《鼹鼠博士的地震探险》《人》
	二年级下学期	《中国神话故事》、《寻找快活林》、《月光下的肚肚狼》、“青蛙和蟾蜍”系列、《木偶奇遇记》、《了不起的狐狸爸爸》、《笠翁对韵》

1

必读书目

	年级	书名
学校阅读课程	一年级上学期	《人文读本》之《我是谁》第一章，第一节 《做大自然的孩子》第一部分，第一节 《我是社会小主人》第一章，第一、第二节 《你、我、她》第一部分，第一节
	一年级下学期	《人文读本》之《我是谁》第一章，第二、第三节 《做大自然的孩子》第一部分，第二节 《我是社会小主人》第一章，第三、第四节 《你、我、她》第一部分，第二节
	二年级上学期	《人文读本》之《我是谁》第一章，第四节 《做大自然的孩子》第二部分，第一节 《我是社会小主人》第一章，第五、第六节 《你、我、她》第一部分，第三节
	二年级下学期	《人文读本》之《我是谁》第一章，第五节 《做大自然的孩子》第二部分，第二节 《我是社会小主人》第一章，第七、第八、第九节 《你、我、她》第二部分，第一节

2

必读书目

	年级	书名
学校阅读课程	一年级上学期	《谦谦君子风》（一二年级）《三字经》（一）—（十四）
	一年级下学期	《谦谦君子风》（一二年级）《三字经》（十五）—（二八）
	二年级上学期	《谦谦君子风》（一二年级）古诗53页—98页
	二年级下学期	《谦谦君子风》（一二年级）古诗99页—144页
	一年级上学期	《心理故事慢“悦”读（一年级）》第一、二、三辑
	一年级下学期	《心理故事慢“悦”读（一年级）》第四、五、六辑
	二年级上学期	《心理故事慢“悦”读（二年级）》第一、二、三辑
	二年级下学期	《心理故事慢“悦”读（二年级）》第四、五、六辑
	一年级上学期	《小学生安全教育读本》（一二年级试用本）之一、二课
	一年级下学期	《小学生安全教育读本》（一二年级试用本）之三、四课

3

必读书目

	年级	书名
学校阅读课程	二年级上学期	《小学生安全教育读本》（一二年级试用本）之五、六、七课
	二年级下学期	《小学生安全教育读本》（一二年级试用本）之八、九、十课
年级推荐书目		

4

晒晒我的书单

序号	日期	书名	大概页数	阅读时长	自我评价	家长签字
1					☺ 😐 ☹	
2					☺ 😐 ☹	
3					☺ 😐 ☹	
4					☺ 😐 ☹	
5					☺ 😐 ☹	
6					☺ 😐 ☹	
7					☺ 😐 ☹	
8					☺ 😐 ☹	
9					☺ 😐 ☹	
10					☺ 😐 ☹	
11					☺ 😐 ☹	
12					☺ 😐 ☹	
13					☺ 😐 ☹	
14					☺ 😐 ☹	
15					☺ 😐 ☹	

5

一二年级

我精读的书

书名		作者		阅读时间	

1．在阅读过程中，我又认识了几个生字，分别是：

2．我又学会了几个很优美的词语：

7

我精读的书

一二年级

3．我找到了几个很优美的句子：

4．我很喜欢这本书，因为：

自我评价：阅读认真（ ） 基本认真（ ） 还需努力（ ）

家长评价：能主动阅读（ ）在督促下阅读（ ） 还需努力（ ）

8

一二年级

27

我的阅读回顾

一年来，我坚持每日阅读了吗？

每日阅读（ ） 经常阅读（ ） 偶尔阅读（ ）

我一共读了多少本书？（ ）本

我最喜欢读的一本书是《 》，因为 ____________

____

____

____

关于阅读，我喜欢的一句名言：____________________

____

____

通过这样的努力，学生发现书中竟然有那么多可爱的人和有趣的事，都抢着要借书看，等不及的就自己买来读。那一阵子，学生都被这些有趣的儿童读物深深吸引了，一有时间谈论的都是这些好书。

师生共读，好书分享，每天坚持，一点一滴地积累，我终于看到了一番令人欣喜的风景：教室书柜里，学生手上，无聊的漫画书不翼而飞，文质兼美的儿童读物越来越多。课堂内外，学生都浸润在经典好书的书香里。

开卷有益，但开的一定要是有益之卷。作为学生的引路人，我们不但要帮助学生爱上阅读，更要引导他们多读好书，学会选择，能辨别书籍的优与劣，能判断信息的是与非，如此则功莫大焉。

我站在了幕后

每周四下午，我们班都要组织活动课，或讲故事，或做文字游戏，或读书读报交流，或组织写字比赛，一直深受学生的喜欢。

我至今还记得第一次组织活动课的情景：我鼓励对活动感兴趣的几个学生提前报名、做好发言准备，我兼任活动主持人和评委，对活动进行即时点评和总结。

“一年级（4）班讲故事比赛现在开始！首先，请刘若钊同学上台，请田荣恒同学做准备。”

讲故事的选手落落大方地走上讲台。“大家好！我是1号选手刘若钊，今年7岁了。今天我给大家讲一个故事，故事的名字是《老虎拔牙》……我的故事讲完了，谢谢大家！”台下的学生听得津津有味。每到精彩之处，大家还情不自禁地热烈鼓掌；每欣赏完一个故事，台下更是掌声一片。有称赞，有鼓励，教室里洋溢着轻松愉快的气氛，我和学生之间、学生和学生之间平添了一份纯真的情谊。

我沉浸其中，但没有被这热热闹闹的一时繁荣所迷惑。因为我发现了与初衷相悖的现象——踊跃报名参加活动的学生总是那十几个越讲越精彩的积极分子，而那些不敢报名、不敢上台的学生，总是胆怯、推脱，报名了，又屡屡弃权；即使不弃权，表现也不尽如人意。人人参与，共同进步，才是最理想的学习境界。想个什么办法，能让全员行动起来，都得到锻炼呢？

周五班会时间，我非常郑重地声明：“下周的活动课，大家不用提前报名，而是人人都要做准备，讲故事、读文章、朗诵诗歌、表演课本剧都可以，希望大家利用双休日精心准备。每期活动的主持人，请各小组推荐，轮流担任。”一席话，让那些经常旁观的学生倒吸了一口冷气：“这下真躲不过去了！”

转眼间，有人盼望、有人忐忑的活动课开始了。首先，我宣布了活动课的新变化：一是每人在组内轮流表演，表演期间，大家要相互尊重，认真倾听别人的发言，观看别人的表演；二是每组评选出一名代表，参加全班的交流展示；三是大家投票选出优秀选手，再为其颁发奖状。

小组活动开始了。大家按事先安排的六人小组围成了一个个表演圈，在组长的带领下，依次展示各自准备的节目。我漫步在小组之间，在阵阵掌声中，采撷着一个个惊喜：姚梦怡，这个一说话就脸红的小女孩，正在轻轻地、甜甜地读一首诗；侯书琳把童话故事讲得绘声绘色；崔美鑫读起书来是那么流畅、自如；乔世康知识渊博，懂得的军事知识真不少，把其他同学都镇住了……看到各小组真实、热烈的交流场面，我的心里有说不尽的喜悦。

近 20 分钟过去了，各小组推选出了代表。第一组的丁晓岚担任这次活动的主持人，她很麻利地一一登记了各组汇报的基本情况，然后宣布本周活动课正式开始："本次共有六个小朋友展示自己的收获，请大家认真听。首先有请第一组的李璐璐同学讲一个笑话《母鸡画圈》，大家欢迎！"嘿，丁晓岚的主持风格还挺老练呢，经常登台就是经验丰富！

我静静地坐在最后一排，悠闲地欣赏着台上的精彩展示。各组代表一一上台汇报，有新闻播报，有猜字谜，有绕口令，还有单口相声，个个身手不凡。然后，六个小组分别为其他组的节目投票，最终推选出了本周活动课的最佳选手李璐璐。此时，我应邀上台，为李璐璐颁发了喜报，以资鼓励，台下的学生羡慕极了。

喜报

李璐璐同学：

你好！

本周在活动课上表现突出，老师特向你表示祝贺！

老师相信：你会成为一名优秀的学生。咱们班会因你而自豪！

徐老师

2017年12月11日

语文活动课“改版”以后，我惊喜地发现：原来胆小内向的学生开始行动起来，主动参与小组交流了；淘气的学生也学会倾听和分享了；越来越多的学生愿意登上讲台，面对大家自信地表达自己的读书心得了。原因很简单，平台搭建好了，每一个学生都有了表现自己、绽放精彩的机会！我站到了幕后，获得了解放，也欣赏到了这百花齐放的繁荣景象。

我的笔下有一条路

我们班的李宇恒是个做事认真的男孩，只要他认定的事情，就能坚持到底。

一年级第一学期，他用拼音写了一篇日记。尽管只是记录了一件非常小的事情，平淡无奇，尽管个别的语句不太通顺，拼音书写也不太规范、整齐，但我还是非常认真地阅读了几遍，并欣然提笔，热情地鼓励他：“你真棒！”

从此，这个“真棒”的孩子就迷上了写日记，几乎每天一篇，有话则长，无话则短，风雨无阻，乐此不疲。当他写完第一个日记本时，我真诚地赞美道：“你能坚持写日记，真了不起！”

随着识字量的增加，他的日记中出现了诸如“气愤”“痛快”“开心”等表达真情实感的词语，记叙的内容也越来越有意思。不管工作多么繁忙，我都会抽出时间认真批阅他的“大作”。读到诸如“心爱的礼物”等精彩之处，我不忘圈圈点点，以示赞赏；了解到他和同学之间发生了不愉快时，我会很心疼地留言：“我会帮助你的！”

为了让自己的日记多“出彩”，他在父母的指导下阅读了大量书籍，如童话故事、军事科学……在班级的“书签树”上，他的“果实”最多。学期末，他被大家一致推选为“读书冠军”。

现在，写日记已经成了他生活中的一部分。起初，为了保护一个学生坚持写话的积极性，我对他的汉字、拼音大杂烩，不拘“方”格的信笔涂鸦都表示了最宽容的“熟视无睹”。如今，他已经写完了第二个日记本，我感觉时机已到，必须要关注和纠正他的书写，如再不提醒，这些毛病就不好改了。于是，我认真地提笔留言：“小作家，咱把字也写工整，好吗?”

星期一，宇恒交上来一个厚厚的新日记本，洁白的封面，里面是较大的田字格。再看他这次的书写，其进步实在让我惊喜：一笔一画都那么用心，每个字都那么工工整整，足以看出他的认真。没有比看到学生的进步再高兴的事了，我欣喜地盖上“大拇指”印章大加赞赏，并挥笔赠言：“你的进步让我太高兴了！我为你骄傲!”

一天放学时，宇恒的妈妈激动地说：“徐老师，太感谢您了！这两天，李宇恒把您的批语看了又看，描了又描，模仿您的语气读了又读，还一遍又一遍地问我他的字哪儿不如您。我们经过商量，专门为他订做了方格较大的日记本，他也下定决心要一笔一画写好字，还让我做他的写字监督员呢。如果没有您的严格要求，他怎么会有这么大的进步呢?”

没想到，我那寥寥几字的评语，在他的眼里竟价值千金，字字印在了他的心上，为他指出了一条越来越宽的路，激励着他一点一点地进步。于是我默默地坚定了一个信念：用最细腻的仁爱之笔，饱蘸浓浓的情意，写好给学生的每一句话，话可以不多，但要字字真诚。在他们的成长道路上，我要用心斟酌、倾情激励……

我国明代思想家王阳明曾说：“今教童子，必使其趋向鼓舞，中心喜悦，则其进自不能已。”每个学生天生都是积极向上、热爱学习的，都有极强的自尊心和荣誉感。激励性评价犹如一杯香茗，清新香醇，令人回味无穷，它能唤醒学生的自信，激活学生的灵性，促进学生的主动发展，为学生的成长增添新的活力。我们要善于发现每个学生的闪光点，及时用激励性的评价给予回应，让学生都知道自己怎样做是对的、好的。我们的多次激励，能促进学生持续进步，并让好的行为形成习惯，助力其健康成长。

写出你的孩子气

我最喜欢批阅学生的日记，看看他们去了哪儿，发生了哪些新鲜事，心里在想什么。这些文字，往往比他们平时作文的内容生动有趣得多。一大摞的日记本，我总是一口气批阅完，发现优秀作品不少时，心情就会更加愉悦。

挑选我最喜欢的一篇学生日记，分享给大家。

暑假里，我独自在家写作业，累了，就踢踢毽子吧！谁知用力过猛，竟然将毽子踢到了天花板的风扇上。怎样把它拿下来呢？

我使劲往上跳，像立定跳远一样：下蹲，再往上一跃，但没够着。搬来板凳试试吧！我将板凳放到风扇正下方，然后战战兢兢地站上去，但我的个子矮，胳膊短，唉，还是够不着。找拖把试试呢？我站在板凳上，拖把还没有举起来，我就失去了平衡……这可怎么办呢？我急得团团转。

忽然，我看到了墙上的风扇按钮！打开试试吧！风扇“呜呜”地转起来。“啪！”毽子飞舞着甩到了墙上，掉在了地上。天啊，这一招真灵！“我怎么这么聪明呢！”我欣喜若狂地跳起来！

拿毽子，这本是一件微不足道的事情，但在这个孩子看来，竟然重大得让他手忙脚乱。看来，孩子的事并不取决于事情本身的大或小，而取决于孩子投入情感的多和少。这个孩子用孩子的话写孩子的事，生动活泼，天真无邪，富有情趣。读着这样的儿童日记，我仿佛看到了小时候的自己，情不自禁地开怀大笑。

我给学生大声范读了这篇“大作”，并由衷地夸奖说：“这篇日记字数不多，写的事也很小，之所以让我们百读不厌，是因为这位同学用孩子的话写了孩子的事，读来真实、有趣。我要将这篇作品推荐给校报编辑，让全校的学生都来欣赏什么是真正的儿童作品。”

我之所以珍视这篇作品，是因为我特别讨厌学生在作文中“编瞎话”

“造假”的现象。用那样的语言写作文非但不能把事件叙述清楚，别人读起来还十分乏味。

学生听了之后深受启发，明白了抓住具体的生动的事例来表现童真童趣的写作方法，领悟了回归儿童本性、具有儿童个性的习作才是最真实、最可贵的。

其实，学生的生活就是鲜活的作文源泉，就是巨大的写作金矿。如果学生善于从自己的生活中捕捉自己最想说、最想写的事，就能很容易地找到最好的习作材料。

学了《乡下孩子》一课后，学生对乡下孩子丰富多彩、幸福愉快的童年生活充满了憧憬，对农村广阔的天地产生了强烈的向往。如何让学生从热爱农村、热爱大自然扩展到热爱同样多姿多彩的都市生活呢？为了让学生发现都市孩子生活的无限乐趣，我设计了以“比幸福，比童年”为主题的写话训练，以激活学生热爱生活的感情。我用激将法对学生说：“敢不敢与乡下孩子比童年、比幸福?”

“我们能去公园溜冰，坐过山车……”

“我们能上网绘图、玩游戏……”

“我们能自己动手搭积木、制作航模……”

“我们能去温泉游泳，去俱乐部打球、打拳，去书店看一整天自己喜欢的书……”

“我们会弹钢琴，会跳拉丁舞，会吹萨克斯，会敲架子鼓……”

“同学们，你们的童年也是幸福、充实的！请以“都市孩子”为题创作一首诗歌，来赞美自己的童年吧！”

第二天，我从学生精心创作的诗行里读到了都市孩子的快乐。

挥一支画笔，
能画出明媚的春天。
堆几块积木，
能搭建出高楼大厦。
轻点小小鼠标，

能遨游世界各地。
制造一架飞机模型，
能让我放飞翱翔太空的理想。
弹一段钢琴曲，
指端流淌出动听的音符。
穿上冰鞋，
我能像小鸟一样自由自在地滑翔。
哦，
都市孩子，
生在阳光下，
长在春风里。

从此以后，学生的日记内容越来越丰富多彩。他们在日记中诉说阅读的快乐、交友的烦恼、情感的懵懂、做了糗事的不好意思……生活的积累打开了学生写作的闸门，他们仿佛开窍了一般，优美的遣词，灵动的造句，把孩提生活中一个个充满情趣的事例鲜活地呈现于纸上，展现于眼前，让人读来神清气爽。

管建刚老师说："儿童作文，第一重要的，非技巧，非思想，非优美语句，而是情绪、情感。日记中的儿童，在自己的天地里，无所顾忌。"我常常为学生的天真烂漫、幼稚可爱所感动，因此，在指导学生写作方面，我经常有意识地鼓励学生自信地说孩子气的话，随性地写孩子气的话，即使偶尔冒点傻气又有何妨呢！

长本事，不过时

转眼间，我踏上了40岁的旅程。俗话说："人过四十不学艺。"我对此愤愤不平，于是，无数次叩问自己：还有多少遗憾没有弥补？这些遗憾会不会成为永远的遗憾？如果不会，我为何不行动起来努力争取？对，从现在开始，挑战“过来人”的满足心理和惰性，不服输，不服老，以积极的生活态度和饱满的精气神，为学生做个榜样！

只看驾驶证，我是有近五年驾龄的“老司机”了，但一直不敢开车上路。记得第一次独自开车上路时，旁边没有教练在场，我一打地火就异常紧张，一踩油门就浑身冒汗，就怕自己会闯祸，在小区门口胆战心惊地溜了一圈就打道回府了。从此，我再也不敢摸车了，成了一个地地道道的“冒牌司机”。

40 岁，说大不大，如果再不挑战，我可能真的没有机会了。我不能向自己的胆怯投降，2014 年，我要挑战自己！新学期开学的第一天，我信誓旦旦地向全体学生宣布：今年，我的成长目标是学会开车，战胜自己的心理障碍，能够稳稳地在市区驾车，敢上高速公路驰骋！

一言既出，驷马难追。我放下架子，搁下面子，打开车子，起步转圈子。开始，我总是不由自主地担心，害怕违反交通规则，害怕碰撞行人、车辆，害怕被人抱怨生手挡道。然而，我越是担心，越是手忙脚乱，几次招来警察的“嘘寒问暖”。但是，这次我没有打退堂鼓，而是认真反思一番，重新调整心态，放慢车速，保持镇定，全神贯注地观察前方的路况，不断积累经验，吸取教训。我相信，只要勤学苦练，必能熟能生巧。

这一年中，经常有学生问我：“您的成长目标实现了吗?”“您学会开车了吗?”当听说我正在努力练习、已经敢上路了的时候，他们都流露出钦佩的神情。每每想到他们热切的关注，我更是鼓足了勇气，坚持练习。

一年后，我终于能开车上高速公路了！更重要的是，我战胜了自己的退缩和怯懦，这是一件令人振奋的事。在工作和生活中，每个人都有缺点，但我们不能视而不见，不可纵容，而要有一种“明知山有虎，偏向虎山行”的胆量和气魄，勇于挑战不足。战胜自我，就是战胜了最大的敌人，以后还有什么能难住自己的呢?

榜样的力量是无穷的。我下定决心学会了开车，许多学生也通过坚持实现了自己的目标：“我学会骑自行车了!”“我的钢琴考过六级了!”“我学会滑冰了!”……

人的一生，就是一个不断学习、不断成长的过程。生命不息，成长不止，这是一个人最美的生命姿态。

学生在成长过程中学习和积累的人生经验，都是从生活中一点一滴地习得的，父母和老师的榜样力量对他们的影响最大。我之所以在全体学生面前如此“张扬”自己的成长目标，就是为了用“人过四十还学艺”的实际行动感染学生，激励他们在敢于挑战自我、不断尝试新事物等方面积极效仿。

只有父母成长，孩子才能更好地成长；只有教师成长，学生才能更好地成长。希望孩子有梦想，家长首先要有梦想；希望学生有追求，教师首先得有追求。我们不能只做知识的传播者，更要做学生精神成长的引领者。

从今天开始，让我们以学生精神导师的身份，与他们一起阅读、一起锻炼、一起长本事吧！努力挑战自己，陪伴学生一起成长，引领学生快乐学习、健康生活，是一件永不过时的事情!

我和新年有个约定

南归的燕子呢喃着唤醒了春天，朝气蓬勃的学生蹦蹦跳跳地返回了校园，处处生机无限。

开学第一课，我对学生说：“去年，我学会了开车，完成了在大街小巷自如驾车的目标。今年，我要学会游泳，目标是学会蛙泳。同学们，像徐老师这样每学期自觉制订新目标的做法，就是自主教育，就是自主成长，就是自主发展。一个人只有学会了自我激励，才能不断进步、不断成长，将来才会有大出息，才会取得大成就。在新学期的第一周，我希望同学们之间主动交流自己的成长目标，在教室里互相展示，互相督促。趁着美好的春光，让我们扬帆起航吧!”

“我和新年有个约定”活动开始了。每个学生都制作了独特的心愿卡，写下了自己的新年成长目标，一一张贴在教室的心愿墙上，五彩缤纷，煞是好看。

吴怡彬的成长目标是：“我希望自己的语文、数学和英语期末考试成绩都在 90 分以上！如果实现了，我想参观徐老师的办公室，并和徐老师合影留念。”我欣然应允，鼓励她努力学习，期待她的来访。

没有想到，这个目标竟发挥了巨大的激励作用。怡彬为了实现自己的成长目标，在早读、课堂发言、课后阅读和作业完成等方面都表现得非常出色。

付出和收获永远成正比！期末散学典礼后，我邀请怡彬和她的妈妈一起走进了我的办公室。我热情地拉着她的手，像导游一般一一讲解，并翻开会议记录、听课本等资料介绍我的工作内容，打开书柜展示我喜欢读的书、我的获奖证书，还介绍了墙上的书画作品和自己养的花草……参观完毕，我上前揽着她的肩头，留下了这个温馨的瞬间。那一刻，我分明看到了她的眼中亮光闪闪。

在班级日常活动中，我也在寻求鼓励学生自主成长的有效办法。凡是在一周的学习、生活、纪律等方面有突出表现的学生，都有机会赢得我或任课老师发放的心愿卡。通过自己的努力，赢得一个满足心愿的机会，学生倍感激动。期中考试后，我们班的刘梅杨高高地扬起她手中精美的卡片，自豪地向我展示：“徐老师，我的英语试卷被评为优秀作品了，我得到心愿卡了!”她兴奋的小脸被夕阳映得通红，我也被这种纯真的快乐感染了。小小的卡片，短短的几句话，却直达学生的心灵深处，有效地调动了他们学习、做事的积极性。

2014 年，我校《学生素养“我的导师”》和《自主教育评价表》经过近 30 名教师、百余名学生和家长代表的共同参与、讨论和编写，终于正式出炉。它们从学习、劳动、体育、兴趣爱好等方面引导学生自主选择目标，可谓激励学生自主成长的宝典。每学期初，学生都会仔细研读，结合自己的努力方向，认真选择每一项成长目标，并在教室里张贴展示，邀请其他同学监督，激励自己不断努力。期末时，大家围绕成长目标，总结、汇报自己的付出与收获。

年初，学校赠送给每位教师一张精美的心愿卡，鼓励我们在憧憬美好的梦想中开启新的工作和生活。每间教师办公室的墙上都有一块醒目的展板，上面贴满了写着我们心愿的心愿卡：

“与学生共读几本好书。”

“重点研究作文教学，提高学生的写作水平。”

“坚持锻炼，有一个好身体。”

“学会弹古筝。”

“尽快找到男朋友。”

……

试想，每当新年来临，教师和学生都会与新年有个美好的约定，而后的每一天，大家都在追求梦想的日子中度过，那心情该多么灿烂啊！

一张小小的心愿卡，抑或别的形式，只要能对学生的身心发展起到积极的鼓励作用，我们都要好好研究，并在教学实践中尝试运用，帮助学生实现从行为自主走向真正的心灵自主。

第五章 自主选择，小思考大自由

有人说，真正意义上的成长，是由内而外的，没有人强迫，也没有人鞭策。因此，我们要帮助学生从小学会自主选择，明是非，知善恶，辨美丑，晓得失。从小事开始引导，即使是孩子也可以悟到人生哲学，因为大道至简。

学生学会了自主选择，就会成为一个对自己负责的人。他们一旦选择了自己喜欢的事情，根本不用别人督促，便会克服种种困难坚持把事情做好。因此，教师要善于尊重学生的想法，激发学生做事的兴趣。

学生学会了自主选择，就可以成为一个有定力的人。他们会坚持做好正确的事情，敢于拒绝一些不好的东西。因此，教师要善于用恰当的方式引导学生去思考、反思，及时给予肯定和支持，但当学生有明知故犯、屡次违规等恶意行为时，也需要有明确、适当、适度的惩戒，督促他们从小对制度、规定、法律建立一种敬畏感，从而自觉规范和约束自己的言行。

我选择，我喜欢

儿子刚转到郑州上学时，教材变了，英语零起点，我有些着急焦虑，奥数、书法、英语的特长班，一样不落地给儿子报了个遍，好像上了全保险，心里才踏实。为了不让儿子落伍，我又给他报了乒乓球、机器人和航模兴趣班。因此，儿子每天除了上课，课下时间几乎都被这些特长班、兴趣班排得满满的。

一段时间之后，儿子很郁闷地对我说："奥数听不懂，英语没兴趣，书法太枯燥，不想去学了。"

儿子在学习乒乓球期间，有幸参加了河南省小学生乒乓球比赛，我欣然前往助阵。可惜，他的基本功明显不扎实，打了几场，就赢了几个球。我担心他受打击，他却不以为意："我只想学会打球，没有想赢得比赛。"好平和的心态呀！想想，也有道理。

就在我为儿子"没志向""一事无成"而沮丧的时候，突然有一天，儿子告诉我，他想学骑独轮车。原来在学校六一儿童节节目汇演中，儿子第一次见到了独轮车表演，那些车手们戴着头盔，身穿彩色紧身衣，挥着双臂，骑着独轮车在舞台上穿梭追逐，其潇洒自如的样子深深地触动了他。

骑独轮车不就是杂技表演吗？这么高难度的技术，会不会摔着胳膊、腿，还有脑袋？他会不会只有三分钟热度？但儿子坚定地说："人家能学会，我也能。而且，我不报班，就自己学。不信，您等着瞧吧！"我第一次看到了儿子有如此强烈的信心。

他说干就干，还找体育老师借来了一辆独轮车。儿子欣喜若狂，将独轮车视若宝贝一般抱回了家，还一脸激动地对我说："我有独轮车了！我可以学骑独轮车啦！"看来，这次他的决心可真大呀！

从此，早上、午休和下午放学后，教学楼的走廊里或操场上，都可以看到他苦练独轮车的情景。

起初，他在走廊里练习，他抓着栏杆扶手，坐在车座上，战战兢兢，哆哆嗦嗦，不一会儿，豆大的汗珠就顺着头发梢滴答滴答地往下淌。“哟哟……哎呀！”想保持平衡还真不容易，儿子的手紧抓栏杆扶手，两脚还没有使劲，独轮车就从他的胯下往前跑了！儿子差点儿摔个跟头。没关系！他重新立好独轮车，骑上，再抓住栏杆扶手，继续尝试，小心“驾驶”。

第二天，他开始一边扶着墙，一边驾驭着独轮车，然后小心翼翼地尝试着不再扶墙。那份专注，那份勇气，真令我对他刮目相看。

几天过去了，他转移到操场去练习空手骑车。第一次尝试时，刚骑上去，还没蹬两下呢，不是人往前倒，就是车往后溜。他不气馁，重新扶起车继续练习。“这个孩子真有毅力，不怕失败，真有一股拗劲！”体育老师不止一次地夸赞他。

一天中午，儿子兴冲冲地宣布：“妈妈，快来看，我什么都不用扶了，我会骑独轮车了！”我立即有了一种“特邀嘉宾”的自豪感，急忙下楼去参加隆重的“检阅仪式”。

天哪，只用了不到两周的时间，他真的学会了！只见他先扶墙坐上去，然后扬起胳膊，保持平衡，两腿蹬起来了，车轮转起来了，身体和独轮车浑然一体地向前走，平稳转圈，如履平地，轻松自如。“怎么样？厉害吧！”他边骑边无比自豪地冲我炫耀，我情不自禁地为他鼓掌叫好。

为何儿子对学骑独轮车有如此高的热情和如此大的毅力呢？内在驱动力是决心做成事的关键。它就像是内心燃起的一团火。如果只是有人帮孩子从外面点燃，一般情况下这团火很快就熄灭了；只有孩子自己内心引燃了这团火，它才会一直熊熊燃烧。

现在的家长和教师对孩子的学习、生活盯得都很紧，时间上往往安排得很紧张，担心孩子不上进，担心孩子闲着不做事。但我们这样“尽职”，有可能让孩子越来越缺少内在驱动力。从小到大被安排、被督促的孩子，自然就不会主动去思考自己到底想要什么：反正一切都会有人安排，根本不用自己费脑筋。

如何让孩子产生内在驱动力呢？其实很简单，家长和教师要给孩子自己选择的机会，激发孩子的兴趣是最重要的。一个兴趣浓厚的孩子，在学习的过程中，能倾注自己的全部热情，无论遇到怎样的困难，都不会轻易放弃，而且在不断进步的过程中，他还能充分体验到“坚持方能成事”的成就感。

强扭的瓜不甜

贾正乐是个性格有些内向的孩子，总是睁大眼睛怯怯地看着我，上课发言、平时说话时，声音总是低低的。对这个胆小、略显忧郁的孩子，我有一种由衷的心疼。每次走过他的身边，我总会停下来听听他读书的声音，翻翻他的作业，摸摸他的脑袋。

我向正乐妈妈了解孩子的情况：正乐最喜欢干什么？妈妈和孩子在一起的时候经常做什么？正乐在家爱讲在学校里发生的事情吗？

正乐妈妈一脸苦恼地说：“这个孩子最喜欢看书，一坐下来，拉都拉不动。我给他报了一个钢琴班，双休日让他去老师家里学琴。每天放学后，他先写作业，我做饭；吃完饭，我就盯着他练一个小时的琴。每天忙完，就该洗洗睡了，哪有空说学校里的事呀？”

“孩子喜欢弹琴吗？”

“刚开始还行，现在越来越不喜欢了。有时候我喊他练琴，他就躺在地上死活不起来。更可恨的是，有一次他将琴凳砸在琴键上，嚷着‘砸坏了，就再也不用弹了’。老师，您说气人不气人？”

找到问题的答案了！为何这个孩子的眼里总是隐隐地有一种不信任？因为他每天都要做自己不喜欢的、别人强加给他的事情，这样怎么会开心呢？

于是，我和正乐妈妈商量："正乐妈妈，孩子对弹钢琴没兴趣，你这样天天逼着孩子练琴，效果也不好。我建议咱们先把弹琴的事情放一放。这孩子喜欢读课外书，我在双休日经常组织一些课外阅读实践活动，您让孩子来试试吧，看看他喜不喜欢。"

周日一早，正乐来了。虽然都是班上熟悉的同学，但他仍显得有些腼腆。今天的活动内容是为《绿野仙踪》中的一个片段配音。我先介绍了这个片段的主要内容，然后把复印好的配音文稿发给了大家。

开始分配角色了。我问正乐："你想给哪个角色配音？"他犹豫了一会儿，用不太肯定的语气说："我演狮子吧！""可以。"我微笑着回答，心里暗想："你和故事里那只胆怯的狮子还真有点儿像呢！"

小组排练时，我一边巡视指导，一边特别留意正乐的表现。刚开始时，他依然很羞涩，但看到大家都很放松地交流、练习，他也逐渐变得自然、投入。在小组展示环节，他把外表威武、内心却胆小懦弱的狮子表演得惟妙惟肖，同学们为他鼓掌，我也禁不住为他喝彩。

下课后，他兴奋地对我说："徐老师，今天的活动真有意思，下次活动我还想来。"看着他神采奕奕的样子，我好像看到了一棵耷拉着脑袋的小苗在阳光雨露的滋润下正渐渐昂起头，舒展开枝叶。

我与正乐接触、交流的机会越来越多，活动中，因为得到了特别的关注和鼓励，正乐参与的积极性越来越高，自信心也越来越强。

正乐之所以变化这么大，是因为他喜欢阅读，在阅读实践活动中体会到了快乐和自信，得到了大家的尊重和认可。他那么讨厌弹钢琴，我们大人还非要按着他的脖子让他非学不可，不听孩子的心里话，不顾孩子的抵触情绪，孩子能不反抗吗！还好，正乐妈妈看到了孩子的变化，放弃了自己的坚持，成全了孩子的选择。

强扭的瓜不甜。孩子学习的兴趣是一点点培养起来的，而不是逼出来的。但很多家长往往不征求孩子的意见，把自己的想法强加在孩子身上，无形中给孩子带来了沉重的压力。教师和家长应该充分尊重孩子，给孩子自主选择的机会和权利，帮助孩子在宽松、自由的教育环境中自定目标，发展其独特的潜力，涵养其自信的品质，激励其成为最好的自己。

反思是一种修养

一天上午，音乐老师打来电话："徐老师，谢子轩和杨孟浩在音乐教室打起来了，拉都拉不开，你快来一趟吧!"我听了不禁眉头一皱，来不及细问，马上朝音乐教室奔去。

刚走到门口，就听到杨孟浩断断续续的哭声，我的心一下子提到了嗓子眼儿：是不是受伤啦？我三步并作两步，一把推开门，看到两个孩子正互相扯着对方的衣服僵持着。发现人没有受伤，我稍微松了口气。看到我进来，杨孟浩边哭边说："徐老师，是他先打我的!"我没有吭声，扭头看看谢子轩，他的泪水在眼眶里打着转儿。这个平时话不多的孩子，竟有这样的举动，我感到很意外。

原来，杨孟浩在音乐课上总是扰乱课堂秩序，导致小组被扣分，引起组员的强烈不满，小组长谢子轩提出把杨孟浩"踢"出小组。结果两人发生了争执，"战争"就这样开始了。

我请他们到教室外处理此事。

"还记得班规第一条是什么吗？"

"不骂人，不打人。"两个人异口同声地回答。

"那为什么明知故犯呢？"

"老师，真的是他先动手的，他把我推倒在地，我才打他的!"杨孟浩委屈地说着，声音哽咽。谢子轩的眼圈也红红的，低着头不说话。

我拍拍他们的肩膀，说："你们都觉得自己很委屈，都认为这是对方的错。假如你们转换一下角色，你们还会这么做吗？"

杨孟浩不假思索地说："如果我是组长，无论怎样我都不会把自己的组员‘踢’出去。”

“为什么不呢?”我接过话茬，严厉地说，“不把自己团队的荣誉放在眼里，三番五次地扰乱课堂秩序，这是没有集体观念的表现。如果我是组长，我也不想让这样的人成为我的组员。无论是先出手还是后出手，无论是先骂人还是后骂人，这样的行为都是不对的，都应受到批评。音乐课因为你们而耽误了那么久，你们不应该自责吗?”刚才还振振有词的杨孟浩此刻低下了头，反复扯着自己的手指沉默不语。

这时，一直不说话的谢子轩走上前，低声说：“老师，对不起，我不该把杨孟浩‘踢’出小组，更不应该推他。我是组长，他落后了，我应该和小组的同学一起想办法帮助他……”说着，两颗晶莹的泪珠滑落了下来。

听到谢子轩的这番话，我心里十分欣慰，这个平时不善言辞的男孩儿，一直都很温顺，这次情绪失控，看来肯定是真急了。我伸手擦干他的泪水，说：“作为组长，你看到小组被扣分，心里一定很着急，我理解你的心情。但是，无论出于什么原因，都不能动手打人，因为靠武力不能解决问题!”谢子轩惭愧地点了点头。

一旁的杨孟浩也走上前，低着头说：“虽然谢子轩先推我，但其实是我有错在先，我不该上课捣乱，小组因为我被扣了好几分……”

我松了一口气，说：“每个人都会犯错，这并不是一件可怕的事。你们能主动承认错误，主动反思，这很难得，这是一种很可贵的品质！敢于说‘对不起’的人，是真正有修养的人！请你们回教室吧，向音乐老师和其他同学解释清楚，诚恳道歉，让大家都从中吸取教训。”

从此，反思成了我们班处理学生问题的有效策略。学生之间一旦发生了矛盾，其他同学就用这个方法协调解决，首先提醒双方检讨自己的问题，然后共同商议再遇到此类事情时如何避免发生不愉快。

“谁先来反思自己的问题?”大家处理此类事件也很老练。

“我不该……”犯错误的学生一定要有主动反思的态度，这是大度。

“以后遇到这类事情，我会……”学生知道以后如何将事情做正确，培养的是一种生活能力。

教育的本质在于培养学生的自主意识。每个教师都会遇到各种犯错的学生，在教育过程中，我们要学会引导学生从错误中吸取教训，在反思后承担责任，培养待人礼貌、友善，尊重他人的优秀品质。学生一旦形成了遇事主动反思的习惯，他们的生活一定会更加美好、更加和谐。

让自己快乐起来

肖大晟是一个发起脾气来就极不理智的孩子。同学要是惹了他，他就像一只愤怒的小鸟，不把任何人放在眼里，发了疯一样地踢桌子、摔书包，闹得鸡飞狗跳。他的任性、暴躁在全校出了名，许多同学都远远地躲着他。他没有伙伴，总是独来独往，每天过得都很不快乐。

孩子的心灵本来是一张白纸。一个七岁的孩子，怎会有这么大的负能量呢？

我约见了孩子的家长，了解到：这个孩子的爸爸妈妈平时忙于工作，陪伴孩子的时间很少。因此，孩子总认为父母不关心自己，心中全是怨气，对一些事情非常敏感。另外，爸爸常用打骂的方式教育他，导致他也习惯于用暴力的方式与人相处。但是，这个孩子的智商很高，特别喜欢读书，可以说是上知天文，下知地理，数学考试每次都是满分。资质这么优秀的孩子，却在美好的童年时光里，因为不会与人相处而郁郁寡欢，实在可惜！

一天，肖大晟又跟体育委员发生了矛盾，他一直哭闹着不肯罢休。我赶到操场时，肖大晟仍然很气愤，大声哭诉着他的委屈。

原来是体育课前，肖大晟在看台上一级一级往下蹦，体育委员好心提醒："你这样蹦，会摔倒的。"他不理不睬。马上要上课了，体育委员又喊他下去站队，他还是充耳不闻。体育委员急了，上前一把将他拉了下来，冲突便发生了。肖大晟说体育委员拉他时特别用力，他的手都快被拉断了。体育委员一脸无辜地说自己根本就没用劲。肖大晟的脾气一下子就爆发了，眉头紧蹙，双拳紧握，跺着脚一步步逼近体育委员，大声叫着："你用劲了！你用了很大的劲！你弄疼我了！"

我一看肖大晟的手腕，果然红红的印记清晰可见。我心疼地说："肖大晟，体育委员可能真不知道自己会弄疼你，这是好心办坏事，我们不要放在心上，好吗?"他转过身来，吐了一口气说："好吧，我不跟他计较。"我拉着肖大晟坐了下来，为他擦去额头上的汗珠、眼角的泪水，心平气和地说："我看，你再怎么生气也不说脏话，你是一个有修养的孩子，我愿意和你聊聊。"他听了我的赞赏，不好意思地说："我今天很没风度，不该跟体育委员大吵大闹。我的脾气一发作，就感觉肚子里有一个喷火的魔鬼，根本控制不了。其实，每次发过脾气以后，我也很后悔。"每个孩子都渴望得到关爱、获得认同。当他叙述事情的经过时，我非常专注地倾听着，让他感受到我对他的重视；当我说"体育委员可能真不知道自己会弄疼你"时，他知道我认可了他的疼痛和感受；当我说"我们不要放在心上"时，他知道我在鼓励他宽以待人，他就能大度地原谅同学。这样的孩子，你只要真正尊重他，心疼他，他自然会静下心来与你交流。

我一边摸着肖大晟的头，一边开导他："以后遇到这种情况时，一定要想想人家是不是为了你好。比如今天，体育委员提醒你、拉你，是劲大了些，弄疼了你，但是不是因为担心你摔倒？是不是怕你迟到?"肖大晟不好意思地看了看体育委员，低声说："我错了，我还要感激你呢！"

当学生闹情绪时，我们不能一味地简单批评，关键是教他们学会用一些有效的办法让自己平静下来、快乐起来！

我趁机开导他说："冲动是魔鬼。当同学说了我们不爱听的话或做了让我们很生气的事时，至少有三种以上的解决办法。现在我们就来想想吧。"

他认真地想了一会儿，说可以向老师寻求帮助，我笑着点了点头。他又说可以到操场上奔跑，发泄一下，这是他从书上看到的办法。

我耐心地说："我们要学会管理自己的情绪，既要让自己舒服，也不伤害别人，办法还有很多呢！你可以随时去心理咨询室，朝橡胶人发泄，把自己心中的想法体现在沙盘上，这些办法都能让自己平静下来。"

后来，我再次专门约见了他的父母，提醒他们今后要多陪伴孩子，绝不能再打骂，一定好好读读《奶蜜盐——家庭教育第一定律》这本书。知道了孩子在学校的种种表现，他的父母非常惭愧。

到期末时，肖大晟的脾气已经好多了，同学们也愿意和他一起玩了，他还被选为数学科代表呢。

远离垃圾食品

一天，看到班上郭雅晴的脖子、胳膊和腿上都起了密密麻麻的紫点儿，我和其他学生都异常惊慌。校医赶了过来，仔细检查后，果断地说："徐老师，赶紧联系家长，去医院吧。"可怜的雅晴噙着眼泪，满脸害怕。

很快，医院的诊断结果出来了："过敏性紫癜，因身体免疫力下降造成的。"

低年级学生正值长身体的时候，引导他们加强体育锻炼，从小养成健康的饮食习惯，不断增强免疫力，尤为重要。

第二天，我端着一盆嫩绿的小苗走进了教室。

"在我的眼里，这嫩嫩的小绿苗，就像你们这一个个活泼可爱的孩子。我们怎么才能健健康康地长大呢?"我笑眯眯地问。

学生率真可爱，立即七嘴八舌地回应我：

"多喝水，多晒太阳，就会健康长大。"

"还要多吃有营养的东西，才能长高。"

……

"说得好！哪些食品能帮助我们增强体质呢？哪些东西是需要远离的

呢？今天，我们一起来上一节健康饮食生活课。”我们在轻松的谈话中引入主题。

我提出了核心任务：“请大家看大屏幕，将以下食品进行分类，有营养的为一类，没有营养的为一类。然后想想，为什么这么分？”

大屏幕出示的食品花花绿绿，品种可真多呀！有诱人的辣条、方便面、薯条、跳跳糖，色彩艳丽的各种饮品，油条和豆浆，牛奶、鸡蛋和鱼肉，绿油油的蔬菜，还有一碗冒着热气的小米粥……

低年级学生非常喜欢这样的话题，感到既轻松又好玩。一领到任务单，他们就自发地围成一圈讨论起来，课堂气氛异常活跃。

“辣条、方便面和薯条，肯定没有营养，我妈妈经常说它们都是垃圾食品，不能吃。”一个声音响亮地说，许多学生纷纷点头表示赞同。

“妈呀，我吃过，吃了会怎样呢？”宋天元紧张地问。

“那以后可不能再吃了。你忘了郭雅晴身上长紫点儿吗？多吓人啊！”他的同桌周梦琦急切地好言相劝。

“没错！经常食用这些食品，就会改变我们的体质，降低我们的免疫力，疾病就会找来了。”我予以强调。

“牛奶、鸡蛋、鱼肉、青菜……肯定是有营养的好东西。”这是共识，毋庸置疑。

“徐老师家的大哥哥长得那么高，就是坚持每天喝奶的缘故。”我适时举例来印证。

“每天喝豆浆，苗条又健康；喝粥，养胃。”田洋不愧是“巧嘴八哥”。

我们的自主学习就这样在七嘴八舌的充分交流中展开了，没有师道尊严，没有强势传授，没有洗耳恭听。课堂中洋溢着民主、尊重、和谐和开放的气氛，每一个学生都沉浸其中，安静倾听，自由表达，提高了认知，学会了辨析。这种“茶歇式”的主题学习，教师只需提供平台即可。

“请大家好好讨论一下：饮品和油条，应该分到哪一类呢？”这是学习难点。生活中，大人和孩子经常饮用和食用，许多人还特别喜欢，谁在乎它们有没有营养呢？

漫谈在学生间继续。

“我爸爸就特别喜欢吃油条，早餐经常吃。难道油炸食品都不好吗？”

“妈妈说，带颜色的饮料有色素，喝多了对皮肤不好；含碳酸的饮料喝多了，对牙齿不好。”

“少喝点儿，应该没问题吧？”

“我认为，不能将油条和饮品归到有营养的那一类。”

火候已到，我及时站出来小结：“没错，油炸食品热量特别高，要少吃。减肥的人，最好不吃。饮品，就是饮料，远不如白开水健康。碳酸饮料喝多了，会让骨质变松、变脆，容易骨裂、骨折。”许多学生一听，张大嘴巴，吓坏了。

“想长高吗？想越来越漂亮吗？想永远像这株绿苗一样健康生长吗？从现在开始，让我们远离垃圾食品，每天多喝水，多锻炼，多吃有营养的食物，养成健康的饮食习惯，保证充足的睡眠，一点儿也不晚。”我用富有感染力的总结发言为这节课画上了句号。

遇到这些事不糊涂

一天，电视新闻中播了一件令人惊悚的事：某校一个三年级男生在放学途中遭遇了绑架。三个绑匪蒙住了孩子的眼睛，绑上了孩子的胳膊和腿，将他扔在汽车的后座上，准备拉到一个隐蔽的地方，对其家人敲诈勒索。途中，男孩听出其中一位绑匪的声音特别熟悉，不由大声喊道：“坏蛋，你是我爸的司机，快把我放了！”那位绑匪听了，顿时愣住了。几年前，他确实当过男孩爸爸的司机，没想到这个男孩竟然听出了自己的声音，便慌了手脚，结果，汽车冲出了黄河大堤……

面对这场悲剧，我心里久久不能平静。

害人之心不可有，防人之心不可无。我把这件事讲给了学生听，提醒他们从中吸取教训。他们一声不吭地听着，流露出惊恐的神情。

“孩子们，假如你是这个男孩，你会怎么将危险降到最低呢?”

学生以小组为单位，展开了激烈的讨论。

“这时候，最关键的是保持冷静，保存体力，找合适的机会，如等红绿灯的时候，听到车旁有动静的时候，就大声叫，撞车窗，向路人求救。”第一组的李明煜很沉着地发表了观点。看来，前一段上了关于自我保护的安全教育课，他们真的掌握了紧急避险的要领——“面对危险不慌张，积极思考想办法，自我保护排第一”。

“假如我是那个男孩，当我听出那个绑匪是我爸爸的司机的时候，我不会那样喊叫。否则，让司机察觉到他被识出了身份，我会更加危险！还有，我会乖乖地配合绑匪，等待家长和警察来救我。”第三小组的苏莉婷机智地说。

“当我发现他是我爸爸的司机时，我会这样对他说：‘叔叔，我认识您，您在跟我玩游戏吗？我们今天刚上过安全教育课，谢谢你们模拟这么真实的情境，让我实地演练了一把。快把绳子解开吧！我的胳膊都有点儿疼了，求求叔叔了！’”最后一个小组的窦少文形象地边演边讲。

听着这些学生的回答，我不由得暗暗称赞。在生活中遇到坏人的概率很小，但是一旦遇到，他们能做到不慌张，冷静应对，牢记生命至上，确实聪慧过人！

从此，我对学生应对突发事件时的安全教育尤为关注。在二年级口语交际课“有人来敲门”上，我创设了一个这样的情境：假如你一个人在家，妈妈的同事朱阿姨来送文件。听到敲门声，你会怎么做?

本以为低年级学生很天真，如果是熟悉的叔叔、阿姨，就会下意识地放下戒心，没想到学生的应对出乎我的意料。大部分学生选择了先给妈妈打电话确认是否属实，再决定开不开门。

“你好，小朋友！我是你妈妈的同事朱阿姨，来给你妈妈送份文件。请你打开门吧！”我故作亲切地说。

林玥童踮起脚，假装透过猫眼上下打量我，然后说："我怎么没见过你呀?"

"哦！前一段时间我去外地工作了，我是你妈妈的老同事。"我不慌不忙地说。

"你有我妈妈的手机号码吗?"

"你知道我妈妈的微信号吗?"

"我妈妈在单位做什么工作?"

"我妈妈最大的爱好是什么?"

学生七嘴八舌地抛出了一连串的问题。

面对这样的集体"拷问"，我从包里拿出一盒巧克力，晃了晃，说："小朋友，快开门，阿姨给你带了好吃的。"

"哼，我才不会上当呢!"林玥童不屑地说。

"软的不行，我就来硬的。""朱阿姨"从包里拿出螺丝刀、锤子等工具，准备撬锁。"情况危急，这时你们应该怎么办?"我夸张地渲染了当时的紧张气氛。

有的学生说，马上给爸爸妈妈打电话。有的学生故意对着"朱阿姨"大喊："爸爸，有坏人砸咱家的门，你快起床!"有的学生选择打110，还有学生补充说："报警时，一定要说清自己遇到了什么危险和详细地址，这样才能更快地得到救援。"面对坏人，学生冷静不慌张，积极想办法，让我很放心。

对学生的安全教育，我们要时刻绷着一根弦。课间，我经常会随机提出一些问题：如果遇到高年级的哥哥姐姐欺负你，该怎么办？如果受到了大人的威胁，你会怎么做？如果……时时让学生巩固安全自救的知识，有备无患，确保一旦遇到紧急情况绝不糊涂。

压岁钱该怎么花

每年春节过后，学生聊得最多的话题，就是谁“挣”了多少压岁钱。至于如何合理管理或使用这笔钱，他们却很少提及。

经调查，关于孩子压岁钱的管理和使用，大致有以下两种情况。

一是多数家长将大额压岁钱收回来，将一部分交给孩子自由支配。但孩子年龄小，拿着钱不知道怎么花，见什么买什么，不管自己是否需要。长此以往，这种做法助长了孩子花钱大手大脚的毛病。

二是有的家长一股脑儿地全额代管。胳膊拧不过大腿，孩子只好乖乖地如数上交，心情尤为郁闷。这种做法也不可取，因为直接剥夺了孩子学习理财的机会。

到底该如何合理处置这些压岁钱呢？学生很茫然，家长也很为难，我更着急。经过多次讨论，一位在银行工作的朋友提出了一个建议：邀请学生去银行参加一次“小小银行家”体验活动，引导他们增强理财意识，学会管理压岁钱。

周五下午，我和学生如约来到了银行大厅。这次“小小银行家”体验活动的内容真是丰富多彩：参观营业厅，模拟储蓄情境演练，体验使用自助设备，巧理零花钱，辨别假币等。学生睁大好奇的眼睛，兴致勃勃地参与其中。即将结束时，学生仍然意犹未尽。

于是，我趁机提出了一个设想：“我们也来一次理财行动吧！看谁能把压岁钱管好，看谁是理财高手。”我的建议立即得到了学生的响应。

“老师，我的压岁钱都交给了妈妈，我担心妈妈不给我，怎么办?”中队长摊开两手无奈地说，不少学生随声附和。

“如果你们有自己的理财计划，有能力管理好压岁钱，我来说服你们的家长，以后由你们来管理压岁钱。”

“真的吗？老师万岁！”学生个个欢呼雀跃。

“请结合今天的体验收获，和父母一起来拟订一份压岁钱理财方案。下周五班会课上，我期待大家的精彩汇报哦！”

一周以后，学生在家长的帮助下，都完成了自己的理财方案。理财方式真是百花齐放，各有千秋，令人赞叹。

柳朝阳的压岁钱先由家长保管。他负责倒垃圾、洗碗、整理书柜等家务活，家长从压岁钱中给他支取一定的报酬，这样他每个月就有一份固定收入。他用这些钱购买学习用品，将剩余的钱或存入自己的账户，或用在别处，可以自由支配。这种做法确实值得称赞，没有不劳而获，全凭劳动挣得，定知来之不易，即使自行管理，也不会随意浪费。

吴天浩不甘示弱地亮出了自己的理财方案：“我用一部分压岁钱，请爸爸妈妈给我买了一份保险，另一部分自己存着。我的学习费用，如学费、学习用品和课外班费用等，所有的支出我和爸爸妈妈各承担一半。每逢爸爸妈妈生日、春节等特别的日子，我都会送上精美的礼物。”我称赞了他的做法，既能主动分担自己的教育费用，又有一份家庭责任，这压岁钱用得合理。

赵稚雅不慌不忙地说：“爸爸妈妈用压岁钱帮我开了个银行账户，然后办了个十年期的理财产品。我的梦想是当一名服装设计师，这些钱是我长大后的创业资金。”有魄力，眼光真长远，这笔钱存得有价值。看来，那次体验活动确实增强了学生的理财意识。

让学生学生驾驭金钱，了解压岁钱背后的财富，尽早懂得通过合理的途径赚钱，学会理财，其实就是培养学生的财商，这是时代发展的新命题。

这样的生日有意义

我们班课本剧会演那天，恰逢栗小玫的生日。她的父母特意在演出现场为她准备了生日派对。墙上用各色气球摆出了“HAPPY BIRTHDAY”字样，长长的餐桌上摆满了精美的“水果塔”，各式甜点、色彩缤纷的糖果、多层生日蛋糕、精美的礼物琳琅满目。她的父母忙着照顾客人，“小公主”如众星捧月般喜笑颜开。专业摄影师跑前跑后，极力捕捉每一个欢乐的瞬间。

看着这热闹非凡的情景，我不由得想起了儿时……

小时候，我记不清自己的生日到底是哪一天，总是突然有一天，母亲悄悄地塞给我两个煮熟的鸡蛋时，我才会惊喜地喊：“今天是我生日呢!”在阵阵扑鼻的葱花香味中，吃上一碗长寿面，那一刻，我认为自己是最幸福的人。

母亲经常说起，我二舅在自己生日那天，总要给我母亲几块钱，说：“给咱娘买点儿好吃的吧!”姥姥骄傲地说：“哦，今天是俺家老二的生日呢!”一个是贴心的孝顺，一个是由衷的欣慰，其中饱含的母子亲情，怎能不让人感动?

“祝你生日快乐，祝你生日快乐……”唱过生日歌，同学们和小玫的爸爸妈妈纷纷送上祝福和精美的礼物。我走到小玫身边，深情地说：“祝小玫生日快乐，健康成长！但是大家知道吗？我们的生日，也是妈妈的受难日。八年前，妈妈用生命和泪水迎来了你的出生；八年来，又含辛茹苦地把你养大。小玫，对妈妈说说感谢的话吧!”

“妈妈，谢谢您给了我生命，辛辛苦苦地把我养大。有时候，我还有些不懂事，惹您生气，让您费心了……”小玫的话还没说完，妈妈就一把将她搂在了怀里，爸爸也感动得上前与她们拥抱在一起。“咔嚓”一声，这激动、温馨的一刻定格在所有人的心中。

是呀，我们出生的那一刻，父亲在产房外担惊受怕，母亲经历痛不欲生的生产，才换来了新生命的呱呱落地。

我想对天下所有的子女说：自己生日那天，一定要怀着一颗感恩的心和父母一起度过。如果确实不能如愿，那千万不要忘了打个电话，哪怕只说一声“谢谢爸爸，谢谢妈妈”。感谢父母生育之恩，我们才能来到这个美丽的世界；感谢父母辛苦操劳、养育之恩，我们才能如此健康、快乐地成长。

我也想对天下所有的父母说：孩子生日这天，全家人一定要有意义地庆祝，坚持下去，使之成为一种家庭传统。别忘了和孩子合一张影，记录孩子每一年的模样、身高、胖瘦。因为这是孩子成长的真实见证。下一年，孩子长到了妈妈的齐腰处；下一年，孩子快和妈妈一样高了……孩子在一天天长大，父母在一天天变老。这一张张合影，让孩子知道自己有一个幸福有爱的家，也记录下父母养育孩子的不易和自豪。无须表达的亲情、抑制不住的感动，在每年的这一天，都会在全家人的心底荡漾。

真快呀，孩子又长了一岁，我们又走过了一年，那我们全家人就围坐在一起叙叙旧吧！爸爸说说家里最高兴的事，妈妈说说自己最得意的事，孩子说说最让自己感动的事，互相谈谈自己的心愿，带着一种希望，憧憬更美好的日子。

如果要赠送礼物，那就礼尚往来吧！父母送给孩子一本书，应该是一种不错的馈赠。孩子献给父母的礼物，不求贵重，只要能表达一番心意，足矣。

这样用爱、用心、用感恩来营造的生日仪式，会给孩子带来一种存在感和幸福感，而这才是最有意义的！

教师节礼物

近几年来，教师节成了一个让我欢喜让我忧的日子。

每逢这一天，铺天盖地的祝福就会向我涌来，教过的、正在教的学生及学生家长，以及圈子里的朋友……声声祝福让人幸福得喘不过气来。但总有一些让人避之不及的“特殊问候”，让这个节日变了味。有家长很“合时宜”地打来电话：“我想去您家里，说说孩子的学习情况。”结果来的时候往往带着礼物。也有直接发出邀请的：“老师，感谢您对孩子的培养，您辛苦了，晚上我们一起吃个饭吧！”对于这些表示，我往往要为如何拒绝花费很多心思。唉，没想到这个节日，竟有这么多“甜蜜的负担”。

再过几天就是教师节了，学校下发了《致家长朋友的一封信》，请家长主动承诺教师节期间不给老师赠送礼品、礼金等有价物品，不让这种不良的风气蔓延。

太好了！正好利用这次契机，我们班组织一次“怎样向老师表达节日祝福”主题活动。

“送鲜花！”“买小工艺品！”这是学生讨论中最多的想法。“鲜花会枯萎，工艺品会变旧。同学们，这次教师节，老师不要你们花钱买来的任何礼物。”我非常坚定地表明了自己的态度，“能让老师想起来就感到甜蜜的礼物，才是最好的。”

“那我们可以自己动手做礼物！”心灵手巧的胡一凡朗声说道。

“这个想法不错！凡是你们亲手制作的、有创意的礼物，老师肯定喜欢，我会永远珍藏哦！”我兴奋地说。

这时，感情细腻的李璐璐说：“让老师看到我们的进步，应该是最好的礼物。”

我欣慰地说：“对！教师节这天，你们的一颗爱心、一声祝福、一句问候、一个出色的表现……都足以让老师感到幸福万分。而且，这种幸福最长久，比什么东西都珍贵。”

教师节那天一大早，我就收到了许多学生和家长发来的祝福信息。带着满满的幸福，我迈着欢快的步子走向班里。咦？我快走到教室门口了，还没听到往常那熟悉的读书声。我轻轻地推开门，教室里空无一人！人呢？我正疑惑的时候，突然从课桌下冒出一群喜笑颜开的孩子，向我簇拥而来，齐声喊道：“徐老师，教师节快乐！”一张张笑脸上写满了真诚。那一刻，隆重而热烈，我的眼睛霎时湿润了。

“老师，这是我和妈妈一起为您制作的礼物。”赵晓燕小心翼翼地捧给我一张粉色的贺卡。我双手接过这张贺卡，只见上面是用小碎花布拼成的几朵花，花心竟然是彩色的纽扣，显得格外精致。轻轻地打开贺卡，我忍不住笑出声来，里面用透明胶带粘着一个圆溜溜的棒棒糖，旁边工工整整地写着：“老师，谢谢您对我的关心！祝您天天开心！”多么可爱的孩子，这张小小的贺卡里藏着她多么纯真的情意呀！

“老师，您还记得这张照片吗？”张元递过来一个手工制作的相框。我不由得仔细端详起来，原来是我们班在入队仪式那天的合影！两年前的这些孩子，脸上洋溢着稚嫩和天真，一张张笑脸在红领巾的映衬下显得特别灿烂。“老师永远不会忘记，这是一个值得纪念的日子。谢谢元元，我要把它摆在教室里，让大家经常记着自己光荣入队的样子。”

讲桌上方端端正正地摆着一个书写本，我一看名字，不禁皱了一下眉头。唉，这个孩子的作业总是又脏又乱，我每次都得硬着头皮批完。“为什么放在这儿呢？”我顺手翻开了这个作业本。“呀！”我简直不敢相信自己的眼睛——一个个汉字规规矩矩地书写在田字格里，虽说不上特别美观，但端端正正，非常整洁。最后一行小字映入眼帘：“老师，这就是我送给您的教师节礼物。”我惊喜万分，眼前仿佛出现了这个孩子正在一笔一画书写的样子，那般认真，那般真诚。我激动地走到他身边，给了他一个大大的拥抱，感谢他送给我的这份“大礼”。

我非常自豪地将今年收到的节日礼物晒到了朋友圈，赢得了许多朋友的点赞和羡慕。哈哈，今年这个教师节，就是这么幸福！因为这一份份别样的礼物，纯粹而真诚，让我欢喜，没有半点儿烦忧！

我们这样迎新年

眼看元旦即将来到，我特意邀请了部分家长和学生代表讨论迎新年计划，大家共同策划一个既有意义又热闹的活动方案。

家长们很赞同我的提议，认为以“迎新年”为主题组织活动非常合适。学生代表们呢，听说组织活动迎新年，非常开心。

“那安排哪些活动最有意义呢？互赠礼物，表演节目，是否太老套了？”我们的讨论进入了实质性的阶段。

此时，有着出国访学经历的宗泽杨的爸爸说：“徐老师，我有一个建议。我在国外过年的时候，一定会和朋友们在一起包饺子，气氛特别好。我建议活动当天，家长来当志愿者，帮助您指导学生包饺子。”

“好主意，包饺子迎新年的味道最浓了。”这个建议立即赢得了许多家长的赞同，“孩子们的意见呢？”

“在班里包饺子，有意思！大家肯定喜欢。”中队长姚斌程连连点头。

“我们可以鼓励孩子包各种形状的饺子，连颜色都可以自由发挥。”我兴致勃勃地说。

“徐老师，我觉得还可以尝试开展这些活动，如制作糖葫芦、剪窗花、做水果拼盘、插花等，都很有趣。”海珂明的妈妈说。

方案一敲定，我们就马不停蹄地开始筹备了，包饺子小组、插花小组、水果拼盘小组，班里人人都有份。

12 月 31 日下午，我们班的家长志愿者和学生拎着食材、拿着餐具、抱着花瓶进班了，“欢乐中国年”主题活动盛大开幕了。

“亲爱的家长朋友和孩子们，明天就是新年了。为了喜迎新年，今天，我们一起行动起来，开动你的脑筋，发挥你的想象力，跟着我们的家长朋友学着创作属于你的迎新年作品吧。最后，我们要比一比，哪个小组学得最认真，作品最富有创意。‘欢乐中国年’主题活动现在开幕，大家开始动手吧!”小主持人一亮嗓子，大家的热情更高了。

学生根据自己的喜好分成了八个小组，各由两名家长志愿者负责辅导。搬桌子，搬椅子，铺桌布，系围裙……人人都忙起来了!

哇！包饺子小组的榨汁机也派上用场了！绿绿的菠菜汁、红红的胡萝卜汁、黄黄的橙子汁……分别倒入不同的面团中，五颜六色的面皮纷纷诞生了！瞬间，一个个绿的、红的、黄的和白的饺子闪亮登场啦！不要小看学生，揉面团，擀面皮，包饺子，哪样都没有落下，争着学，抢着练，忙着赶工，不停地设计各种造型。

插花小组的导师是齐鲁瀚的妈妈。学生在她的指点下，兴致勃勃地剪枝，打理叶子，呵护鲜花，在花瓶中插出最动人的造型、最鲜亮的色彩。教室里成了花的海洋。

水果拼盘小组的学生准备了充足的材料：红提、橙子、香蕉、西瓜、哈密瓜……瓜果飘香。他们学着剥皮、切丁，摆造型，一丝不苟，创意不断。“送祝福”环节最激动人心：一盘“爱心水果”，献给亲爱的老师和妈妈，道一声：“你们辛苦了！祝你们新年快乐、健康、永远漂亮!”一盘“水果笑脸”，送给亲爱的伙伴，祝福大家天天开心!

饺子煮熟了！鲜花插好了！水果拼盘做好了！学生的歌声、笑声和祝福声动人地传开了！全班一片喜气洋洋，到处弥漫着浓浓的新年味道!

中国符号，传统文化，是最珍贵的精神和力量，让我们和学生一起来传承和弘扬吧!

要这样教养孩子

儿子出生后，我坚持每天读故事给他听。后来，家里书中的故事都讲完了，我小时候听来的故事也掏光了，只好胡编一些阿猫、阿狗的故事蒙混过关。但没过几天，儿子就开始提意见了。

生活是故事创编的源泉。为何不创编一些教育小故事，引导他在具体情境中学会做人做事呢?

第一个教育小故事就这样诞生了。

一天，小红到明明家去做客。明明看见小红来了，热情地说："小红，你好，快请进。"接着，明明端出水果招待小红，还拿出新买的拼图玩具，高兴地陪小红玩起来。

第二天，小红去找亮亮玩。亮亮正在家里看小人书。亮亮妈妈请小红进门后，亮亮看了看小红，依然一动不动地看自己的小人书，也不打招呼。小红说："亮亮，我可以和你一起看书吗?"亮亮不高兴地说："我想一个人看!"

讲完故事，我问儿子："请问，故事里的小明和亮亮，谁做得对?为什么?"

"小明做得对。因为小明热情地招待客人。"儿子应答。

"判断正确。好朋友来家里，一定要热情招待，要主动和好朋友分享好玩的东西，不能小气。"我抓住教育契机，立即趁热打铁地强调。

餐桌上，上学途中，散步时，晚上入睡前……我总是利用这些闲暇时间，通过讲教育故事，陪同儿子一起完成各种"判断题"或"选择题"。当然，故事和题目都是我根据儿子或其他小朋友近期的表现精心设计的，目的就是提醒他明辨是非，努力做一个好孩子。

教育故事来源于生活，素材真实且丰富，我信手拈来；儿子很感兴趣，每每都非常投入地参与，百听不厌，而且越“答”越自信。

上学路上，教育故事在我们的自行车上精彩继续。

我边骑车边问：“小明听到楼下小朋友玩得很开心，就赶紧写完作业，没有检查对错，放下笔就跑了。请判断小明做得对，还是错。”

儿子立即回答：“错。因为赶紧写作业很容易出错，还不检查，如果有错误就无法改正。”

我给予正面强化：“说得好！出去玩的前提是一定要认真写完作业！”

我又问：“东东正和大家玩得开心，妈妈喊他去倒垃圾。A. 东东不想去，不耐烦地对妈妈说：‘我正忙着呢！’B. 东东马上接过垃圾，干完家务后再接着和大家玩。请问：哪一种做法是对的？”

儿子坚定地说：“B。”

“太棒了！愿意干家务的勤快孩子，才是妈妈的好孩子。”

儿子读中学时，我们这样的谈话方式依然管用：“如果你发现有人掉进河里了，你会怎么做？是不假思索地跳下去救人，还是大声呼喊周围有经验的人来救援，然后第一时间报警？”

…………

生活中的教育事例，就是这样鲜活，取之不尽，用之不竭。在这样见缝插针、寓教于乐的亲子交流中，儿子不断自我反思、自我教育，逐渐明白了“拾金不昧”“诚实是金”“朋友之间要谦让”“节约用水”“不怕困难”等道理，获得了明辨是非、善于反思的自我成长力，形成了健康向上的价值观，我也不留痕迹地完成了“立德树人”的教养任务。

曾经，一些家长苦恼地说：“不能随便拿别人的东西，不能跟小朋友打架，我都对他说过多少遍了，他为何总是不改呢？”殊不知，孩子最讨厌父母的说教，尤其是喋喋不休的唠叨。因为这时候，孩子感受更多的是父母对自己的不满，感受不到父母的耐心和鼓励，导致心理压力大，有自责，有委屈，有反感……在多种负面情绪下，怎能唤醒孩子自我激励、主动进步的动力？

有效的亲子沟通不能只靠简单的说教，还要抓住恰当的时机。教养孩子也需要家长创新沟通方式。除了给孩子讲教育故事、评析教育案例，我还试用过以下有效方法：在旅游的具体情境中教育孩子注意安全，照顾家人和小伙伴；每逢节日或家人生日时，一定腾出时间，花一番心思，或准备礼物，或全家动手包饺子，用心营造一种仪式感，教育孩子学会感恩，珍惜亲情；经常问起孩子同学的情况，提醒他捎水果或月饼给家在外地的同学，打电话给身在异乡的同学，支持他大方地借钱、借物给有困难的学生，教育孩子学会关心朋友，珍惜友情……

我的赏识教育“专家”

我是在母亲殷切的期盼中才来到这个世界的，自然成了家里的“娇疙瘩”。母亲看着我，总觉得哪儿都好：笑起来眼睛真好看，说话声音真响亮，跑腿儿真快，缝沙包手真巧，写的字真漂亮，学习上进心真强……可以说，我是在母亲的夸赞中长大的。

母亲脾气好，与人为善，特别随和，家里每天都有许多大娘、婶婶等邻居来串门聊天，互相说一些家长里短的事情。我无数次听到母亲不厌其烦地向别人炫耀我。

“今天，俺霞她老师生病了没去上课，校长到班上一看，俺霞正带着小朋友读课文呢。校长说，这个‘小老师’还真像回事呢!”我在旁边听了，心里美滋滋的。于是，我上课听讲更认真了，课下还常常主动模仿老师的字体练字。那年，我才上小学三年级，心中便立下了“长大当老师”的愿望。中学毕业后，我毫不犹豫地报考了师范学校，信心十足地走上了教书育人的道路。

“昨天，我去串亲戚了。俺霞没去！她才不会耽误上学呢。”不缺课，不请假，学习永远是第一位。全家人都知道我的“读书至上”论，我成了家中最爱学习的孩子。现在，这个不缺课的信条也迁移到了我的工作中——时时事事不缺岗，恪尽职守，事业至上。

“今天俺带俺霞去拾麦穗，这姑娘的眼真尖，手也麻利，我都没她拾得多。”听了母亲的话，我心里美滋滋的。原本被麦芒扎得又疼又痒的胳膊，被太阳晒得发胀的脑袋，突然间一点儿也不难受了。

“俺霞有主意得很，你买的衣服，她如果不喜欢，从来不穿。”哦，在母亲的眼里，我这么任性竟也是优点！母亲的认可，让我越发有主见。如今，我遇事坚持原则，不怕反对意见，据理力争。我大娘和二舅也经常这样说：“这孩子只要占理，一点儿都不会受委屈。将来去哪儿、干啥，都没问题。”

母亲有没有批评过我？有！印象很深，是我第一次学编草辫的时候。一天早上，我悄悄拿上母亲精挑细选、浸泡过的麦秆，溜到街上找小伙伴学手艺——用麦秆编草辫。中午，我高高兴兴地拎着足有三米长的草辫对母亲“显摆”，谁知一向慈眉善目的母亲一把扯过草辫扔进了灶台里。我哪里见过这种阵势，泪水顿时像断了线的珠子一样往下掉。“想学就好好学，别糟蹋了好东西。”原来母亲是心疼这些麦秆，一盘草辫能换好几袋盐呢。这件事后我暗暗吸取了教训：事情不论大小，要做就做到最好。后来，在学习洗刷、修补衣物等家务活时，我不敢有半点儿马虎，总要得到母亲由衷的认可才罢休。“她是一个追求完美的人，做事很较真儿。”如今，许多同事都这样评价我的工作风格，这与儿时母亲的训诫有很大关系。

母亲只有小学三年级的学历，却深谙赏识教育的真谛，既有意识地强化孩子的优点，也不盲目忽略孩子的缺点，成就了让她一辈子都引以自豪的我。因此，我总感激母亲说：“您就是我的赏识教育‘专家’。”

从母亲的身上，我学到了赏识学生的智慧：细心观察学生的言谈举止，及时肯定学生的优点，无论大小，看到就表扬，夸奖不要冷处理，趁热打铁效果好；经常展示学生的长处，让家长、老师、其他同学等更多的人欣赏并发出由衷的赞美。这样做，就起到了正面强化学生优点的神奇作用，能激励学生在这一方面越来越出色，并主动形成端正的态度和良好的习惯。同时，对学生的缺点一定要明确地指出来，帮助他们辨利害，明是非，晓美丑，建立边界和底线。

不可逾越的底线

黄色是一种鲜亮的色彩，给人轻快、明丽、充满希望和活力的感觉，也经常用来标明健康、安全设备及危险信号。《学生素养黄色通知单》，就是我们班对严重违纪学生的一种警示方式。

近期，我发现个别学生有些浮躁：课堂上学习不专心，在宿舍里不安静睡觉，随心所欲，有时还挑衅、顶撞老师，一旦愿望得不到满足，就大发脾气，甚至哭闹不止……这些学生怎么这么不懂事呢？对纪律怎能没有任何畏惧感呢？

一天，体育老师向我求助。原来，体育课上一个男生展示投掷垒球，站定、摆臂、投掷——用尽了吃奶的力气，垒球却被投出界，他还摔了一个“狗啃泥”。顿时，同学们哄堂大笑。他气得嗷嗷大叫，拉住一个同学就是一阵打。体育老师赶忙上前制止，谁知他急红了眼，竟又把老师当成了攻击对象……

不该动手打人、要尊重老师的道理，这些学生不是不懂；认真学习、安静休息，这些学生不是不明白。但这些从小天天享受众星捧月般待遇的学生，根本不能受一丁点儿委屈，不会控制自己的情绪，不能约束自己的言行。这种事件的高频发生，令人反思。

许多“问题学生”之所以成为大多数教师的难题，不是因为教育出了问题，而是“问题学生”的问题总是反复出现，没有得到及时的警诫和彻底的解决。我突然领悟：教育也需要不断调整方式，不能指望一种教学方法长期有效。

为进一步规范学生的日常言行，提高学生的自律能力，树立正气，纠正不良学风，在坚持正面引导的基础上，我广泛征求了任课老师、学生和家长代表的意见，开始研究必要的惩戒制度。我们集体拟定了《学生自主教育评价表》《学生管理条例》，激励学生在自主评价中自定成长目标，针对多次严重违纪的学生明确提出了必要的惩戒办法——下发《学生素养黄色通知单》，情节严重者将责令其停课反思。

周五班会课上，我代表任课老师和家长坚定地表明了态度：班级管理将严格执行《学生管理条例》。谁有违反，谁敢挑衅，谁就将得到相应的惩戒，绝不纵容。因为这些不文明、不道德的行为，是所有老师、同学坚决反对的事。诸如恶意挑衅课堂纪律和老师尊严，挑衅校风校纪的行为，我们将“零容忍”。

接着，我语重心长地说：“大家要珍惜学习机会，一定要严格自我教育，绝不能没有了规矩。因为一个人的品质中，最重要的是德行。只有具有高尚的品德、纯真的心灵，与人为善，尊重他人，才能受到别人的欢迎和尊重。我希望大家做一个善良的人，尊敬师长，关心同学，礼貌待人，乐于助人，与同学和睦相处。”

最后，我诚恳地提醒学生：“希望大家做一个有正义感的人，知道什么是对，什么是错；知道该支持什么，该抵制什么；要勇敢地向身边的不文明言行说‘不’，要主动帮助言行不文明的同学认识和改正错误。”

那次班会课后，学生对纪律有了新的认识，尤其是对《学生素养黄色通知单》非常敬畏。令人惊喜的是，上课铃响后在校园里“漫步”的学生没有了，课间追逐打闹、做危险游戏的学生没有了，随意到草丛中奔跑穿梭的学生没有了，课堂上随意扰乱秩序的学生没有了……儿时守规矩，长大守法律。知书达理，明辨是非，守住底线，在自我约束中学会反思与判断，这就是惩戒教育的目的。

每个人在成长的过程中难免犯错，犯错之后必须受到警示或训诫。惩戒与奖励一样，都应始终伴随学生的整个成长过程，适时、适度应用这两种教育方法，才能达到更好的教育效果。奖励是对正能量的一种赏识；必要的适度的惩戒，是对学生偏离成长轨道时的一种及时训诫，也是警示学生知法守法的警钟，与奖励一样都是一种负责任的爱。当然，惩戒本身不是目的，主要是用来警示学生明确哪些底线是不可逾越的，从而鞭策学生自觉自律、不犯错误。

第六章 主题活动，小参与大发展

体验是自主教育的有效途径。主题活动是学生自主成长的平台。从学生的精神需求出发，尊重学生的个性，组织多彩的活动，搭建广阔的平台，为学生提供更多体验、锻炼和展示的机会，鼓励学生在参与、思考和展示的过程中，亲近自然，坚持锻炼，学会合作，接受挑战，经历挫折，大胆表现……这是促进学生自主发展的理想境界。

学校，是学生学习知识的殿堂，更是学生幸福生活的乐园。教育要回归生命，在宽松的学习环境中让学生有机会体验各种经历和波澜，张扬童心童趣，最终以独特的方式绽放精彩。春芽吐绿，夏苗拔节，秋果挂满枝头，冬籽蕴藏力量。一个个鲜活的生命，在这里沐浴阳光、自主成长！

每天阅读20分钟

下午两点半，校园里一片静谧。午后的阳光洒进教室，抚摸着一张张沉浸在书中的脸庞。每每这个时候，我仿佛闻到了满园芬芳，心中充盈着甜蜜。

每天下午的20分钟阅读，已经是我校坚持了近十年的活动。关于这段时间的安排，起初还曾引发过教师们的激烈争论：有的提议让学生练字，便于组织，又易出成效；有的提议组织学生做眼保健操和课前唱歌，保障学生的身心健康；还有的提议组织学生订正错题，确实是教学所需。以上建议都有利于学生的学习和生活，都有道理。但最终，我们还是决定让学生坚持每日阅读，意义更深远。

苏霍姆林斯基说："无限相信书籍的教育力量，是我的教育信仰的真谛之一。"他认为，阅读可以丰富学生的精神世界，促进自我教育，开发智力，减轻学业负担。我的想法也是如此，希望学生在教师的陪伴下，愉快地走进阅读的大门，享受阅读的乐趣，让阅读成为伴随他们一生的好习惯。

学校将每年的4月和12月定为"读书月"。届时，所有班级在"书香校园·阅读盛典"活动的感召下，在每天阅读的20分钟里开展各具特色的阅读分享活动。

一年级的学生识字不多，我便找来世界经典儿童文学作品，声情并茂地读给他们听。一个学期下来，也能读上五六本。听，今天正在绘声绘色地给学生读故事的，不是我，而是班上识字最多、最爱读书的魏嘉恬，她读的是绘本故事《爷爷一定有办法》。学生听得特别认真，有的托着小脸一动不动，有的端坐在那里眼睛眨都不眨，他们都被这个奇妙的故事深深地吸引住了。

我们组织二年级学生进行了一场别开生面的课本剧表演。在教师的指导和帮助下，学生把一些有趣的寓言、童话故事创编为喜闻乐见的课本剧。瞧，那狡猾的狐狸、威风凛凛的老虎、古灵精怪的小猴子，还有目光短浅的青蛙……一个个生动有趣的形象，伴着鲜明的音乐节奏或对白，或舞蹈，或歌唱，个个活灵活现。

一位三年级学生的家长非常感激地说："原来，我儿子只喜欢看些漫画、杂志之类的书。后来老师推荐了《写给儿童的中国历史》这套书，我儿子一下子就入迷了，整天抱着书不肯撒手。有时候说话还引经据典，'插播'一段历史典故，真让人刮目相看。"历史类书籍不仅能让学生了解历史发展的脉络，熟悉名垂青史的伟大人物，还能教会他们懂得为人处世的道理。

"竹外桃花三两枝，春江水暖鸭先知。""春江潮水连海平，海上明月共潮生。"四年级开展的古诗词朗诵活动，激发了学生吟咏诗文的热情。舞台上，他们身着古典服饰，声情并茂地诵读了一篇篇脍炙人口的经典诗文，韵味十足。学生有感情地诵读时，心灵受到的触动、激发出来的真挚情感，以及从语言文字中汲取的养分，肯定会使他们终身受益。

教室外的展板上张贴着高年级学生制作的一幅幅精美的手抄报，展示了他们每天的阅读积累与收获：我最喜欢的三国人物、《鲁滨孙漂流记》读后感、改编的《半截蜡烛》的剧本……学生们就像一只只勤劳的小蜜蜂，从书籍的百花园中孜孜不倦地汲取着知识的精华，不断地滋养着纯真的心灵。

"一个人的精神发育史就是他的阅读史，一个民族的精神境界取决于这个民族的阅读水平，一个没有阅读的学校永远不可能有真正的教育，一个书香充盈的城市必定是一个美丽的城市。"朱永新教授的寥寥几句话，道出了经典阅读工程对一个民族甚至一个国家的价值和意义。

"每天阅读 20 分钟"活动，营造了一种浓厚的读书氛围，有助于学生养成终身阅读的良好习惯，在美好的童年里实现心灵的成长和精神的发育，堪称幸事。

玩转大课间

“第九套广播体操，现在开始！原地踏步，走……”这熟悉的旋律再次响彻校园。可是现在的学生似乎对这套广播体操越来越不感兴趣，每次做操时不免有些敷衍了事。

学校定期组织广播体操比赛，大队部和体育组教师加强了专项督导，但学生的热情一直没有被真正激发出来。每天30分钟的课间操，就是为了让学生在阳光下活动活动筋骨，放松放松心情，唤醒饱满的精神，迎接新的学习活动。但现在学生不乐意参与，站在那里有一下没一下地瞎比画有何意义？

时代在发展，学生的兴趣也有了很大的变化。如果我们依然墨守成规，就不能彻底解决问题。我们必须行动起来，想点子让目前的课间操来一次完美转型！

大队部向全体学生发放了调查问卷，主题是“课间操还可以怎样玩”。一时间，大家对课间操的变革事宜尤为关注，纷纷出谋划策，积极表达自己的愿望和想法。经过认真整理，我们梳理出了十几种学生喜闻乐见的集体活动项目——推铁环、跳大绳、抖空竹、投沙包、韵律操、足球操、沙锤操、乒乓球等，并提出了分年级选择不同的器材开展自主锻炼的活动建议。

学校根据大家的建议购置了相应的运动器材。体育教师和舞蹈教师精心编排了《最炫民族风》《江南 Style》等节奏明快、动感十足的时尚韵律操，还有《嘿，加油》《稍息，立正，站好》等富有时代特色的少儿团体操。各年级学生分头跟着教师学着跳起来……学生从教室门口列队下楼到广场散开队形，从领取器材到分组活动，从集体做操到集合退场，所有环节全部伴随着音乐一气呵成。一套全新的综合大课间活动新鲜出炉了！

“丁零零——”下课了，校园广播里随即响起了欢快的音乐。学生好像听到了集结号似的，或抱起足球，或扛着呼啦圈，或举着沙锤，快速到教室门口列队集合，然后依次下楼。

看，第一批来到广场的学生，随着音乐甩开胳膊踏步走，好像雄赳赳、气昂昂的小士兵，精神抖擞，笑容灿烂。其他年级的学生鱼贯而入，大踏步来到各自的活动区域。校园里顿时热闹起来。

一年级学生跳的是集体舞，时而一人独舞，时而两人手拉手跳，时而大家分组围成大圆圈，时而全体合作摆出一个数字造型，生动活泼，震撼全场！

二年级学生做的是呼啦圈操。五颜六色的呼啦圈在学生的手上、腰上随着音乐欢快转动，有时像握住方向盘左右开动，有时像举起花环庆祝凯旋，有时像顶个圆盘捉迷藏……在蓝天的映衬下，构成了一幅绚丽的图画。

三年级学生舞动的是“金灿灿”的沙锤操。小小沙锤，就是将小米装入矿泉水瓶变成的。沙锤随着音乐鼓点上下舞动，“唰唰”的声响摇出了快乐的节奏！前操场上处处光彩夺目，处处动感欢腾，那般场景蔚为壮观！

在后操场的草地上，四年级、五年级的学生正在表演足球操。一个个调皮的、圆溜溜的足球在学生的脚下变成了听话的乖宝宝，随着律动前后左右有节奏地滚动。当“加油！加油！”的叫好声响起时，学生将足球高高抛起，操场上空仿佛冒出了千万个金色、白色的气球，此起彼伏，令人心花怒放。当“咚咚咚”的音乐响起时，学生又开始了整齐的拍球动作，起起落落，声响一致，振奋人心。

操场周围的跑道上，传来了阵阵叫好声。循声望去，原来是六年级学生正在推铁环。只见他们一手扶着铁环，一手持着长柄搭在铁环的一侧，随后顺势弯腰推着铁环奔跑起来。铁环转动起来了，由慢渐快，沿着跑道晃晃悠悠地往前滚，摩擦着长柄发出“丁零零”的欢唱。“小推手”目光炯炯地盯着前方，巧妙用力，行动自如。围观的学生摩拳擦掌，跃跃欲试，煞是热闹。

各个班级在校园里开展各种活动，有的跳大绳，有的练习花样跳绳，有的投沙包，有的比拼乒乓球……大家玩得热火朝天。这不是一般意义上的玩，学生都在勤学苦练，争当会玩的高手呢！

30分钟的综合大课间，学生个个尽情舞蹈、开心游戏，整个校园一片沸腾，成了欢乐的海洋。集合退场时，大家还有些意犹未尽呢！

我们尊重学生的个性、爱好，尽最大努力支持他们自由选择课间活动项目，极大地激发了他们锻炼身体的主动性和积极性，也给他们带去了无穷无尽的欢乐。每个学生都跳得开心，舞得雀跃，玩得精彩！

我是“歌谣王”

一次寒假前的散学典礼上，校长改变了以往“做学期工作总结，提寒假活动要求”的常规讲话模式，精心创编了一首《郑东小学的幸福歌谣》，感谢教师们的辛勤努力，表扬学生们的出色表现，激励大家再接再厉。全体师生眼前一亮，倍感新鲜。

以下摘录部分歌谣内容。

入学篇：

学生每天来上学，穿着整洁又俊俏。告别家长说再见，高高兴兴进校园。孩子喜欢来学校，我们感到很自豪。

郑东孩子真是好，真诚而且有礼貌。那份亲热和尊敬，都是老师教得好。

校园篇：

校园时有小垃圾，躺在地上像嘲笑。小朋友们看见了，主动捡拾忙弯腰。爱护环境讲卫生，真想把你抱一抱。

坚持排队好习惯，讲究秩序不乱跑。餐厅宿舍专业楼，上下楼梯不打闹。整整齐齐一排排，谁见谁夸素质高。

学习篇：

再去教室瞧一瞧，文化布置有新招。书架图书一排排，盆盆鲜花养得好。展示栏里作品多，颗颗红星真热闹。作业摆放真整齐，老师批改辛苦了。大大的对勾加评语，激励我们向前跑。孩子书写很认真，天天进步真不小。都爱学习和生活，文明集体呱呱叫。

抓学习，抓纪律，抓卫生，抓活动，班里的事情真不少。作业订错和收缴，早读加餐课间操，养花查资料办板报，值日卫生谁打扫？教室布置谁动脑？自己的事情自己做，老师放手不管了，都是学生来承包。

自主课堂新倡导，学生探究最重要。预习思考和交流，学生地位第一号。老师变成主持人，倾听、鼓励和引导。学生能力有长进，看在眼里心里笑。

生活篇：

午餐人数真不少，安静就餐很重要。感谢师傅营养餐，肉菜蔬菜咱不挑。餐后桌上干干净净，收拾餐具井井有条。

午休时段静悄悄，枕头放放平，花被盖盖好。我们一起睡午觉，看谁先睡着。枕头花被好舒服，孩子在香甜的梦里笑。玩得开心睡得好，孩子长高个儿，精神好。

周托学生晚自习，教室整洁静悄悄。独立作业没问题，同伴互助质量高。坚持预习和复习，不让父母把心操。领导家长来参观，竖起拇指都叫好。

此次校长的发言，赢得了全体教师和学生的热烈掌声，也激发了大家创编校园歌谣的极大热情。

“自己书包自己背，门口黄线说再见，高高兴兴进校园，我是独立好少年！”为了引导新入校的学生自己进学校，不纠缠家长不哭闹，我创编了这首短小精悍的歌谣。目前，我班学生主动与家长告别、背着书包高高兴兴进学校的情景，成了我校门口一道温暖的风景。家长们说，歌谣的语言简短精练，朗朗上口，便于理解、诵读，备受学生喜欢。

很快，校园里掀起了一股创编歌谣的热潮。在“我是歌谣王”大赛中，学生们自主创编了200多首歌谣，一时间传遍了整个校园。

保护环境歌

有垃圾，专人管。
见废纸，弯腰捡。
垃圾废物不乱扔，
共同营造好环境。

上学歌

讲文明，讲礼貌，
唱着童谣去学校。
遇到老师先问好，
同学相见说声早，
礼仪常规最重要。
上课听讲不走神，
积极发言勤思考。
课间准备要周到，
专心听讲多动脑。
博览群书增见识，
完成作业按时交。
读写姿势要记牢，
做好视力保健操。
课间活动要文明，
不追逐来不打闹。

文明就餐歌

文明用餐不挑食，
爱惜粮食不乱倒。

餐前餐后要洗手，

个人卫生做得好。

经过筛选和完善，我们把这些大家喜闻乐见的歌谣编成了一本书——《校园文明童谣》。学生在编歌谣、读歌谣、唱歌谣的过程中争当“歌谣王”，提升了自身的文明素养。

徐老师之约

每次主题活动中的辅导员讲话，我都非常珍惜与全体学生的沟通机会，提前几天就开始思考发言内容，争取有新意，引导学生自主成长。我精心准备的过程，不亚于锤炼一节优质课，从确定发言主题、斟酌每一句话，到基本熟练脱稿演讲，从不含糊。

“新学期，新希望。2016 年，徐老师的成长目标是学会游泳，欢迎大家监督。”“针对一些学生在校园里乱扔垃圾的问题，请大家帮忙出出主意。”……我将自己每一次的主题发言，都视为与所有学生的一场“约会”。为了不辜负大家的期待，我从不将其视为例行公事，从不说无聊的空话或套话，而是力求语言通俗生动，演讲内容既能鼓舞人心，又有新意。这样，学生才能喜欢听，才能听得懂，才能将教师讲的话内化为自觉的实际行动。

教育需要一种“润物细无声”的智慧。校园里的每一个角落、每一件小事，都能折射出学生的行为表现。如何抓住教育细节，鼓励学生向上向善、自主成长，是我无时无刻不在思考的事情。

学校操场周围的座座楼宇牵手相连，形成了一个大大的问号。我提醒学生每天看到这个“大问号”的时候，都要思考三个问题，即每天“三想”——一想父母为什么送我来学校读书，二想我应该以什么态度来学习，三想我可以在哪些方面取得成绩——从而激励学生每天都以饱满的精神状态投入学习中，明确目标，坚定信心，不断进步。

看过《致加西亚的信》这本书后，我向学生发出了“沐浴阳光，自主成长”的倡议，并提出了三个响亮的行动口号——“自己的事情自己做”“集体的事情人人做”“什么时间做什么事情”——激励全体学生在新学期都能主动学习，有出色的表现，做一个能够把信送给加西亚的人！

刚入学的新生还没有建立规则意识，上课东张西望，就餐吵吵闹闹，下课随意嬉戏。看到这些，我邀请大家在国旗下郑重做出约定，做到三个“我会”：我会说，我会站，我会坐。引领学生从这些细节做起，养成好习惯，展示出精气神。在教师和中高年级学生的示范下，这些新生从每天早上自己背书包进学校开始，听懂了校园的铃声，学会了举手发言，排队不说话，能主动送餐盘，午休能保持安静……

针对一些学生出现的上学带手机、课堂上纪律差，以及追求过生日的大场面等问题，我经过反复斟酌，利用“徐老师之约”活动组织了个别学生的座谈会，从如何用好手机、文明人的表现、如何过生日等方面展开了充分的讨论。我们互相交流的过程就是学生启迪自我、规范自我的过程。我适时发表自己的看法，并对这些学生提出了诚恳的建议：“不随意打扰别人，不给别人添麻烦，是文明人的一种修养。”“心静了，心定了，在学习上才会有创造力。”“生日是母亲的受难日，应该是我们的感恩日，一定要以感激父母的方式度过这个难忘的日子。”

随着自主教育的不断推进，我提出了“热爱阅读，写一手好字，文明就餐”的行动目标，以点带面，从细节处培养学生的综合素养。

春风暖人，夏雨润人。学生一天天长大，文明走进了他们的心里，表现在他们的言谈举止中：他们爱上了学习，爱上了锻炼，爱上了学校。有修养的学生越来越多。无论是课间、就餐，还是放学时分，都可以看到他们整齐列队的身影。每天下午的阅读时段，校园里书香袅袅，学生在优美的语言文字中滋润着心灵。校园里的柳树和桃树，都是我和学生亲手栽下的希望。晨练、课外活动中，学生在教师的组织下跳绳、打羽毛球、跳皮筋，玩得热火朝天。“大手拉小手”活动，让学生学会了与人相处，学会了感恩。每学期，学生在成长手册——《成长的足迹》这本属于自己的书上，真实地记录着自己成长的经历，体会着快乐成长的喜悦……

“徐老师之约”是我和学生沟通的绿色窗口。在真诚的交流中，我表达着教师对学生的殷切期望，传递着学校对学生的无限关怀，积极引导着学生自主成长。有时，它是一个问号，启迪学生深入思考；有时，它是一盏明灯，指明你我前进的方向；有时，它又是一个航标，引导我们努力向前。

每周五个文化日

参天大树，林荫小路，绿草茵茵，鲜花盛开，艺术长廊，随处可见的开放书架，安静阅读的学生，举止优雅的教师……这是我心目中理想校园的模样。如何让我的这批“新生儿”早日融入美好的校园，浸润文明，熏染书香，渐渐凸显出厚重的文化内涵呢？

我班就从每周的五个文化日开启了“郑东育人模式”。

周一是“文明日”，希望每一个学生都能优雅地成长。

早上，穿整齐校服，系好红领巾，入校前微笑着与家长挥手告别，见到老师、同学主动热情问好……学生美好的一天开始了。在升旗仪式上，整齐列队，行队礼，唱国歌，爱国情怀从小根植入心。

课间时分，学生尽情玩耍，身边不时走过佩戴着黄色绶带的小文明监督员。偶尔发现穿越绿化带、追逐打闹、大声叫嚷、随地丢垃圾等不文明现象时，这些小文明监督员会立即提醒制止。

午餐时刻，提倡“安静、轻缓、干净”就餐，不说话，不挑食，不跷腿，保持餐桌和地面的卫生，落实“光盘”行动，争当“文明餐桌”。

午休前，坚持安静阅读 10 分钟，然后轻轻入睡。午后阅读，每天 20 分钟，轮流组织语文、数学和英语方面的课外阅读，有时书声琅琅，有时静谧一片，处处和谐融洽。

周二是“卫生日”，希望学生自觉地讲究卫生，保护环境。

“一屋不扫，何以扫天下？”每周二下午，我们都会自觉开展保洁和美化活动，以保证教室的学习环境洁净美好。我们会邀请家长志愿者，发动学生行动起来，贴壁纸，换窗帘，挂字画，摆花草，铺桌布，装书柜，购图书……教室里书香袅袅，绿意盎然。每当走进这干净整洁的环境，我就倍感欣慰，为这里的学生感到幸福和温暖。

周三是“听课日”，希望学生在课堂中积极参与探究性学习。

学校一直致力于推进自主课堂教学改革，鼓励学生自己学，引导学生善于学。每周三上午，我深入课堂，连听三节不同学科的常规教学课，随时观察学生在课堂中的主体意识和参与探究的状态，发现问题，及时与学生沟通解决。

我惊喜地发现，“为学生探究学习提供宽松的空间”“将学生的学习权真正地还给学生”“鼓励学生敢于质疑、敢于表达自己的观点”，这些教学理念已经成为每一位教师的共识。学生带着问题走进课堂，自读自悟，大胆质疑，主动交流，学习热情高涨。学生在个体探究、生生探究、师生探究的过程中，解决了问题，最后带着新的问题走出课堂，走进生活。自主课堂的魅力就在于学生主动、积极、专注的学习状态。

周五是“校服日”，希望每一名师生都能穿出优雅的气质。

这一天，全体学生统一着校服上学，做到不混搭，扣子、袜子、鞋子等细节毫不含糊，穿出我们的精神面貌和自豪感。我严格自律，率先垂范。想培养出什么样的学生，自己首先要成为什么样的人。

周日是“家庭安全教育日”，希望每一个学生平安长大。

观看安全教育网站上的视频并共同答题，到科技馆体验地震模拟演习，去商场认识消防疏散图……在父母的陪伴下，学生学会了自护自救，掌握了紧急避险的有效方法。

目前，“家长对孩子缺乏性教育，这是家长的失职”的谴责声此起彼伏，但依然没有引起家长的足够重视。我给家长推荐了北京师范大学出版社出版的《珍爱生命——小学生性健康教育读本》，希望增强家长们的性教育意识，正确、大方地给学生进行科学的身体安全教育，不让“儿童被性侵”的悲剧发生。

“文明”“卫生”“学习”“仪表”“安全”五个主题，每周上演，日复一日，年复一年，长期坚持，水滴石穿。这些文化日中传递的教育元素无声地滋养着学生纯真的心灵，一定会永远内化在他们的言谈举止里。

感恩故事会

教育学生从小学会感恩身边的人，这是举办感恩故事会的目的。

我以故事导入的方式引入话题。

“孩子们，我给大家讲两个有关小动物敬老、爱老的感人故事。

“小乌鸦在妈妈的哺育下一天天长大了。但乌鸦妈妈年老体衰，双目失明，飞不动了，不能出去找食物了。这时候，小乌鸦就四处去寻找可口的食物，衔回来，嘴对嘴地喂到乌鸦妈妈的口中，回报母亲的养育之恩。这就是人们常说的‘乌鸦反哺’。

“羊妈妈生了一只小羊，非常疼爱它。晚上，羊妈妈让小羊依偎在身边，小羊睡得又熟又香。白天吃草时，羊妈妈将小羊带在身边，形影不离。谁想欺负小羊，羊妈妈就奋力抵抗。从此，小羊每次吃奶时，都会跪倒在地，用这种方式感激妈妈的哺乳之恩。这就是‘羔羊跪乳’。”

故事讲到这里，许多学生和我一样早已泪眼婆娑，深深地被“乌鸦有反哺之恩，羔羊有跪乳之德”所打动。

“孩子们，感恩也是我们中华民族的传统美德。请大家想一想，你们想感谢谁？为什么要感谢他（她）？最好能用几句话讲讲其中的感人故事。请大家一定要好好准备。下周五班会上，期待分享你们的感恩故事。”

如今的孩子，在家里享受的是众星捧月般的优越待遇。父母为了儿女，再苦再累也心甘情愿，根本不求任何回报。许多孩子对来自长辈的爱麻木了，认为父母的所有付出都是理所应当的，不知道体谅父母的辛劳，养成了唯我独尊、骄横任性的坏习惯，成了不懂感谢、不愿感激、不会感动的“冷漠一代”。甚至，有些孩子过分依赖父母，失去了独立生活的能力。

感恩教育是一种爱的教育。感恩意识，不仅是回报父母养育之恩的意识，更是一种责任意识、自立意识。因此，感恩教育是培养孩子责任感的重要基础。只有懂得感恩的人才会懂得付出，才会对自己所做的事负责。有了感恩之心，才会觉得自己有责任去回报他人和社会。懂得感恩是一个人最基本的道德品质，也是一个人懂得真善美、能分辨是与非的基本要求。因此，感恩启蒙越早越好。

“感恩的心，感谢有你……”感恩故事会在抒情的歌曲中拉开了序幕。

“我要感谢我的妈妈。我的妈妈是一名公交车司机，每天上班早出晚归，非常辛苦。但是，她再忙，也不忘照顾我，关心我。每天的早餐，都是妈妈起早做好的。每天晚上回家后，她顾不得喝一口水，就来陪我读书。我要学会照顾自己，少让妈妈操心。”温珂聪红着眼睛讲述了妈妈关心自己的故事。

“我要感谢徐老师。去年，我在楼梯奔跑时不小心撞破了头，是徐老师抱着我去了医院。缝针时，徐老师反复对医生说“用美容针，小心缝，免得留疤”“轻点儿，轻点儿”。虽然当时伤口很疼，但是我的心里很温暖。谢谢徐老师。”没想到，一年过去了，张耀栋还记着这件事呢。

“我要感谢校车师傅和老师。每天，他们早早就出发了，按时到我家门口接我。一路上，老师还给我们讲故事、笑话，我们很开心。有学生不安静的时候，他们总是很有耐心地提醒。每天晚上，他们回家都很晚，非常辛苦。妈妈说，有了校车师傅和老师每天接送我上学真省心。”坐校车的学生纷纷点头表示赞同。

…………

是的，感恩无处不在。在家里，父母感恩孩子给自己带来了快乐和幸福，孩子感恩父母的养育之恩。在学校，辛勤的老师，友好的伙伴，辛苦的保安叔叔、保洁阿姨和餐厅师傅，都值得我们心存感激。希望这次的感恩故事会，能让学生将别人的好永远记在心上，珍藏与传承这份善良、这份热情、这份关爱。

秀出你的精彩

周二清晨，抑扬顿挫、铿锵有力的架子鼓鼓点从学校钟楼传来，那激情澎湃的节奏在校园里回荡、沸腾……

今日“校园达人秀”是我们班黎惠泽的主场。瞧，朝阳洒在他银色的棒球帽、黄色的夹克衫上，熠熠生辉；手中的鼓槌在他胸前来回跳动，画出一道道优美的弧线，热情奔放；他面带微笑，演奏自如，身体随着鼓点有节奏地摇摆，阳光自信。

大家不由得纷纷驻足欣赏，眼中闪着赞叹和羡慕的光芒：“敲得真好!”“我一定好好练习古筝，以后也在这儿精彩亮相!”“我要坚持练好毛笔字，也来参加达人秀!”……

在大家赞许的目光中，“小达人”越敲越起劲，鼓点激荡，响彻校园的各个角落。小观众们情不自禁地随着欢快的节拍鼓掌、摇摆。台上台下，你敲我和，都陶醉在这酣畅淋漓的节奏之中。

每天的“校园达人秀”时间，“小达人”依次闪亮登场，秀出了自信，秀出了快乐，秀出了对美好未来的向往。“校园达人秀”，不仅受到学生的青睐，而且也得到教师和家长的关注，一时间成了大家热捧的校园特色节目。

“校园达人秀”这一学生喜闻乐见的文化表现形式，源于我和家长的一次聊天。

“孩子非要报钢琴班，我就花了大价钱买来了一架钢琴，还给孩子请了最好的老师。前两年，孩子还很有兴趣，进步也很快。可最近，孩子练琴特别不积极，还有了抵触情绪，总想放弃，愁死人了！”

“我的孩子不善于表达，不管我和老师怎么鼓励，孩子一见生人就是不肯说话，怎么能让孩子自信一点儿呢？”

“我家孩子学书法已经两年了，毛笔字写得相当漂亮，希望学校能给孩子提供展示的机会。”

…………

从那天起，为学生搭建一方展示自我的舞台成了我的一大心愿。这个想法得到了学校老师和家长的支持：好主意，立刻办！

选址。活动场馆设在我们每天上下学的必经之地——钟楼一层。钟楼下有四根方柱，包上蓝色的软装，用于张贴和悬挂学生的书画作品；四根方柱围成的空间，正好可以搭建一个圆形的红色小舞台，装上音响，“小达人”站在正中央表演，肯定很有感觉。

项目。书法、绘画、手工、唱歌、舞蹈、武术、朗诵、乐器演奏等，只要是美好的元素，都可以登上“校园达人秀”的舞台。

流程。学生是主角——学生自愿报名，自己设计展示内容，制作创意海报，精心准备展示作品。凡是通过学校审核的节目或作品，每周一之前要布置好自己的展馆。展示时间为一周内每天的早读前和放学时段。展示结束后，书法、绘画、手工等“小达人”挑选一件自己最满意的作品捐赠给学校珍藏留念。

“校园达人秀”的舞台上，既有男孩子的“魔方＋悠悠球”炫技表演，又有女孩子的“走秀＋舞蹈”温婉表演；既有入情入境的课本剧表演，又有水墨丹青的现场书画……每次经过钟楼，我们就仿佛走进了一个神圣的艺术殿堂。光彩夺目的宣传海报，栩栩如生的绘画作品，妙笔生花的书法作品，件件赏心悦目；抒情悠扬的琴声，甜美清澈的歌声，幽默搞笑的相声，声声悦耳动听……在清新的晨风里，在美好的夕阳下，学生在“校园达人秀”的舞台上张扬着个性，秀出了最美的自我。

一方小舞台，成就大梦想。“校园达人秀”为学生开辟了一块可以自由播种的田地。他们在这里种下理想的种子，挥洒努力追梦的汗水，培育青翠的幼苗，绽放五彩缤纷的花朵，收获饱满的果实。“校园达人秀”为学生插上了有力的翅膀，他们在这里丰满羽翼，锻炼胆量，磨砺意志，增强本领，表达自信，勇敢翱翔。

六一嘉年华乐翻天

今年的六一儿童节，校园里处处飘荡着欢快的旋律，特色商品琳琅满目，全体学生精彩展演，尽情游戏，一片喜气洋洋。

以前，我校六一儿童节的庆祝方式就是组织各类文艺节目会演，能登上舞台的只有少数学生代表，基本上是一些“明星”孩子的精彩亮相。大多数的学生只能顶着烈日当观众。

2015 年，学校开始创新六一儿童节活动的庆祝形式：各年级自定一个主题，形式不限，全员参与。该消息一出，全校学生欢呼雀跃：终于能以自己喜欢的方式过节啦！几天过后，各年级设计的主题海报一一张贴了出来：跳蚤市场义卖，自制服饰 T 台秀，集体作画，看电影《少年派的奇幻漂流》，甜点水果小铺……真是百花齐放，各具特色，令人心动和激动。学生非常振奋地说：“这样的庆祝方式，想想就开心，我现在就迫不及待了！”

2016 年六一儿童节，恰逢我校建校十周年的好日子，全体师生欢聚一堂，以年级集体献礼的形式，隆重举行了六一嘉年华暨建校十年庆典活动，以欢度学生们的节日，祝贺学校的十年华诞，展示丰硕的办学成果。磅礴的气势，喜庆的盛况，空前壮观。

在全体师生自豪、欢乐的校歌声中，活动拉开了序幕。

第一阶段，大型诗朗诵《郑东小学赋》展现了学校的集体风貌，气势恢宏地道出了学校十年来的发展历程。

第二阶段是各年级主题方阵表演。一年级、四年级的学生精彩展示了学校综合大课间的创新成果。我们一年级的学生集体表演了开场舞《向着快乐出发》，展示了积极向上、活泼快乐的精神风貌，点燃了全体师生如火的热情！四年级学生表演了足球团体操，学生踏着动感的音乐，跳出了足球运动的魅力，以响亮的口号为母校生日呐喊加油。五年级全体学生的合唱《乘着知识的翅膀》，深情地赞美和歌颂了母校这所知识的殿堂。六年级学生的诗朗诵《为母校献礼》，表达了即将毕业的他们对母校的无限依恋与诚挚祝福。

接下来的 21 个主题活动，分布在学校的各个角落，全部是学生的主场。

看，二年级学生的自制服饰 T 台秀开始了！有年代服装秀，展示了汉服、中山装、现代装等不同时期的服装；有卡通人物秀，蜘蛛侠、白雪公主等形象趣味十足；还有环保主题秀，大树、水珠等角色生动可爱。学生身穿自制的各种服装，个个可爱极了！

三年级学生真勤快，主动承担了校园水果驿站、冰淇淋小屋和甜品小店的服务工作。他们系着鲜艳的橙色围裙，带着甜美的笑容，忙碌在校园里的各个服务区。“小服务员们”有的收加餐票，有的分发美食，有的维持秩序，还有的弯腰清理地上的垃圾……

四年级学生制作的手绘风筝，高高地悬挂在教学楼的环廊上，将校园装扮得五彩斑斓，分外美丽。

同时，精彩无比的“校园达人秀”、紧张激烈的“校长杯”足球比赛、高新时尚的创客制作和创新游戏，还有叫卖声此起彼伏的跳蚤市场，吸引了大批学生和家长前来参观体验。整个校园成了欢乐的海洋。

闭幕式上，二年级的卡通人物、三年级的校庆艺术品和家长志愿者等八个主题方阵，伴着明快的音乐鼓点，浩浩荡荡地在整个校园巡演，为庆典活动画上了浓墨重彩的句号。

这次六一嘉年华暨建校十年庆典活动，既让学生在自己的节日里快乐地展现了自我，感悟了成长，又通过精彩的表演为学校的十岁生日送上了最真挚的祝福。这具有历史意义的时刻，将永远铭刻在郑东小学每一位师生的记忆里。

这样的节日庆典活动之所以得到了全体师生的喜爱和欢迎，就是因为我们尊重了学生的天性，满足了学生的意愿，张扬了学生的童心童趣，激发了学生的个性创造，让每一个学生在七彩童年中学有收获、快乐成长。

见证学生的成长

8月底，新生入学；10月13日，是新生光荣入队的日子。在这不足两个月的时间里，该如何帮助这些“小豆豆”顺利达到入队标准呢？

一年级的老师们，别着急。我们正好利用这个契机，在这段黄金时间里，帮助学生养成良好的习惯，早日开启快乐的小学生活。

开学第一天，我就捧着红领巾走进了课堂，运用目标激励法开始了第一课：“孩子们，从今天开始你们就是小学生了，祝贺你们！大家看，老师手里是一条鲜艳的红领巾，它是少先队员的标志。学校里只有习惯好、爱学习的好孩子，才有资格佩戴红领巾，成为一名少先队员。

“孩子们，40天以后，只要大家养成良好的习惯，就可以加入少先队，戴上鲜艳的红领巾，成为光荣的少先队员。

“如何养成良好的习惯呢？我们来学一首《上学歌》，这首歌谣会告诉我们应该怎么做。”

上学歌

好习惯，很重要，好孩子，要记牢。
来上学，不迟到，见老师，问声好。
同学间，要友好，多关心，不计较。
升国旗，要肃立，注目礼，懂礼貌。
上下楼，要排队，靠右行，不抢道。
走廊里，不奔跑，不大喊，不打闹。
校园里，不踢墙，不摘花，不踩草。

课堂上，要专心，认真听，勤思考。
下课后，摆学具，课前准备很重要。
就餐时，不说话，不挑食，要吃好。
午休时，须安静，盖好被，要睡着。
勤洗手，勤洗澡，讲卫生，身体好。
好孩子，早入队，红领巾，多骄傲。

《上学歌》每人一份，要求学生张贴在家里的墙上。教室的墙壁上也张贴了一份，以时时提醒大家学好、做好，争当优秀学生，争取早日入队。

学生学歌谣的热情高涨，每天坚持早读午诵，争取句句烂熟于心。

如何将这些规则内化为学生的行为自觉呢？及时的记录和评价是关键，“小红花”“大拇指”“红五星”奖励措施很有效。平时，在学校，由小组长负责记录和奖励；在家里，由家长负责记录和奖励。如做得好，可获得一朵“小红花”；如有犯错的情况，自己要主动上交一朵“小红花”，以示自我反思。每周五下午汇总，十朵“小红花”可以换一枚“大拇指”，五枚“大拇指”可以在教室“红星擂台”上张贴一颗“红五星”。凡是入队前得到三颗“红五星”的学生，都可以戴上鲜艳的红领巾。

“小红花”“大拇指”和“红五星”，成了学生每天坚持自律、主动好好表现的价值符号。日子一天天过去，这些价值符号在递增，学生的文明习惯也在悄悄地强化、内化、积淀。课间追逐打闹的学生越来越少了，每天自觉早读的学生越来越多了……

孩子毕竟是孩子，偶尔淘气是免不了的，被扣分的现象也不少。这时，我总是及时予以关注，帮助他们主动反思，避免以后再出现同样的问题。另外，我还创造机会，鼓励这些学生积极去争得“小红花”。例如，让他们主动帮助班级做一些浇花、发加餐等好事，鼓励他们或写好当天的作业，或主动做一次家务，或给大家读一篇文章……用这种方式向大家证明自己的努力。有了得与失的真实体验，这些学生就有了辨别是非、严格自律的强烈意识。这就是学生独特的成长方式，简单而有意义。

“我们是共产主义接班人……”熟悉的旋律，严肃的氛围，振奋的眼神，在场的每一个人都激动万分。10月13日，一年级学生终于迎来了隆重的集体入队仪式，戴上了向往已久的红领巾。他们齐唱队歌，庄严呼号：“时刻准备着!”铮铮誓言，铿锵有力。成长需要仪式，成长需要承诺，方可见证它的深远意义和与众不同。

入队，戴红领巾，是学生求学路上的第一个成长仪式。为了这一神圣的时刻，在短短的时间里，学生懂得了遵守规则，学会了自律，养成了良好的生活习惯和学习习惯，表现出了积极向上的活力，“幼小衔接”平稳过渡。许多家长欣慰地说：“一个小目标竟让孩子突然间长大了，变得懂事了，每天上学的劲头都很足。”

热闹的跳蚤市场

今年暑期，我计划带着全班学生去一趟农村，一是去探望结对的学伴，二是让久居城市的学生体验乡土生活。经费哪里来？班费肯定不够。于是，我决定策划一次跳蚤市场活动，请学生将自己读过的图书、闲置的玩具、学具，以及衣服等物品来一次清仓大处理，自己动手，丰衣足食，挣够慰问品的购置费。

二年级学生已经认识了各种面额的人民币，学会了100以内的加减法，具备了经营小本生意的基本潜质。这次活动正好是锻炼他们活动策划与组织能力、解决问题能力的好机会。

我们迅速成立了外联组、图书组、玩具组、学具组、服装组、艺术品组六个活动小组。外联组负责发布活动信息，制作和张贴海报，吸引家长、老师和其他班级的学生前来捧场；其余五个小组各有2名组长和1名“会计”，带领大家备货、布置店铺、设计标语和总结账目。全班学生根据自己的实际情况自愿报名加入。我第一个志愿加入了外联组。

学生忙起来了。课余时间，有的三五成群地聚在一起，或讨论店铺招牌的设计，或商议服务员的服饰，或收交、登记商品。为了保证及时交流，有些小组还建了QQ群。看到他们的努力，我对这次活动充满了期待，期待他们带给我更多的惊喜。

我们班的跳蚤市场宣传海报设计好了，赫然张贴在餐厅入口处，立即吸引了许多老师和学生的关注："6月20日（下周五）下午3点，餐厅二楼，跳蚤市场，欢迎光临，不见不散。"

6月20日下午，学生迫不及待地将大包小包搬进了餐厅。餐桌就是他们摆放商品的"柜台"，有的干脆在地上铺上了野餐垫——"摆地摊"。为了吸引顾客，有的还给"商铺"起了好听的名字，如"爱心书屋""魔力玩具超市"等。有的"服务员"竟穿上了古装，很有穿越的感觉。市场里，到处是好玩的玩具、好看的图书和精致的艺术品……琳琅满目，数不胜数，令人眼花缭乱。

跳蚤市场开始营业了。只听"轰"的一声，人流涌了进来。忙里偷闲的学校领导和家长们（其实是我特邀的）来了，听闻消息的其他班级的学生来了，没课的老师们来了，连餐厅的师傅、保安和保洁也都来了！顿时，跳蚤市场里人头攒动，店铺周围熙熙攘攘，到处是欢笑声、叫买声、讨价还价声，整个餐厅沸腾了。

听，各位"推销员"为了招揽生意，争先恐后地亮开了嗓门儿，卖力地吆喝："便宜啦！便宜啦！快来买！""走过路过，不要错过！""好东西，大甩卖啦！"有的学生刚开始很害羞，细声细气地喊，看到别人那么有胆量，也索性放开了嗓子，大声叫卖起来。顿时，吆喝声、讨价声混成一片，真是热闹非凡！我暗暗佩服这些学生的勇气。

看，他们的促销方法真不少！图书地摊前的招牌真醒目："买一赠一，不买准后悔！""徐老师，这是一个实木制作的笔筒，您肯定喜欢，五折卖给您！"定向推销，你好意思不要？快掏钱买下。玩具摊前的人，挤了里三层外三层。原来，这里在搞摸奖活动。一元钱摸一次，摸到什么玩具的图片，就可以拿走相应的玩具。太划算了，抓紧排队试试运气！

两个小时很快过去了，学生开始盘点剩余商品和收入。“我来数纸币，你来数硬币，数慢点儿。”数学课上学到的分类整理、加减运算都派上了用场。“我俩收拾剩余的东西，你俩留下打扫卫生。”大家的分工合作也挺愉快！

这次活动，我们的收入共计一千八百六十九元，购买新书包、新图书的经费解决了。我们收获的不仅仅是一千八百六十九元，学生还知道了以后要珍惜一切可以再利用的东西，积攒下来就可以换取一笔不错的收入。当然，他们收获的还有团结、创意、自信……

爸爸妈妈开讲啦

“一个人出生的那一天，也是母亲的受难日。因此，你生日当天，亲人、朋友都要聚在一起，陪伴你一起分享生日蛋糕。生日蛋糕代表着亲人和朋友对你的祝福——平安幸福、圆圆满满……”

今天家长课堂的主讲是单子墨的妈妈。子墨的妈妈是一位甜点师，今天教学生做生日蛋糕。正巧，今天是我们班胡筱雨的生日。我们打算给筱雨过一个不一样的生日。此刻，子墨妈妈正绘声绘色地讲述着生日蛋糕的来历和制作方法。

“做生日蛋糕，第一步是准备原料——面粉和蛋清。如何将蛋清和蛋黄分开呢？我们就用这个分蛋器！谁愿意帮阿姨打鸡蛋呢？”子墨妈妈笑眯眯地望着大家。

“阿姨，我愿意！”顿时，一双双小手高高举起。子墨妈妈把这项任务交给了最后一排的张露露：“一定要小心哦！”露露将鸡蛋在碗边轻轻地磕了一下：“咦？没碎？”子墨妈妈鼓励露露说：“再用点儿劲！”这一次，鸡蛋终于裂开了一个小缝。露露两手一掰蛋壳，蛋清、蛋黄就滑进了碗里。在子墨妈妈的指导下，露露双手握着分蛋器，小心翼翼地将蛋清和蛋黄成功分离，她的脸上顿时漾起了自信的笑容。

第二步是充分搅拌面粉和蛋清，然后放进烤箱。每一个环节，子墨妈妈都会请一个学生上来担任她的助手，学生们个个兴奋不已。

随着“叮”的一声响，香喷喷的蛋糕新鲜出炉了，阵阵香气立即飘满了整间教室。

“祝你生日快乐，祝你生日快乐……”大家围坐在筱雨的周围，唱着生日歌，分享着香甜的蛋糕，送上最纯真的祝福。筱雨感动极了，对子墨妈妈和同学们连声说：“谢谢阿姨！谢谢大家！”子墨向妈妈自豪地竖起了大拇指。

很多学生的父母在各自的工作领域都有独特的专长，学校邀请他们走进学校，走上讲台，对于丰富学生学习资源而言，可谓一笔宝贵的财富。一方面帮助学生拓展了学习内容，扩大了知识面，开阔了视野，锻炼了社会实践能力；另一方面也为家长搭建了一个展示绝活的平台，有创意地拉近了亲子之间的距离，让学生发现工作中的爸爸妈妈原来如此优秀。家长课堂的开设，真是一举多得！

那天晚上，子墨妈妈把自己上课的经历分享到了朋友圈，赢得了无数的“赞”。此举吸引了更多家长，他们纷纷报名，都想走上讲台，发挥自己的优势，帮助孩子们学习更多的新本领！家长热情高涨，我更是乐此不疲。每天备课之余，我还充当了家长课堂的“审核专家”，读读讲稿，审审课件，从趣味性、适宜性等方面对教学内容和教学方法提出一些建议。各位家长非常虚心，总是不厌其烦地反复修改，直到满意为止。

王梓涵的爸爸是一位建筑师，他上课的主题是“房子的故事”。他从原始人的洞穴讲起，巧妙地告诉大家房子对人类的重要性……他展示了国内外各种知名建筑的图片，让学生领略到了建筑之美。他还出示了自己和工友在工地上辛苦作业的照片，最后感慨地说：“每一个建筑的背后都需要付出百倍的努力！”

张露露的妈妈是一位高级翻译，她为学生讲述了自己为了成为一名优秀的翻译而如何苦练口语，直到现在仍坚持每天关注各种新闻动态，努力学习专业术语的励志故事。对学生来说，这是一个真实的学习榜样！

贾正乐的爸爸是一位消防员，他通过一张张图片展示了生活中的各种安全隐患，并提出了申请，将消防车开进了校园，现场为学生演示如何正确、快速地使用消防器材。

…………

每周五下午，越来越多的家长走进了教室，和学生分享自己的一技之长——理财、插花、制作寿司……家长课堂的内容越来越丰富了。

在这异彩纷呈的课堂教学中，学生不仅收获了课本之外有趣而实用的知识，了解了不同职业的意义。更重要的是，他们真切地感受到：成为一名优秀的专业人才是一件不容易的事情，需要付出一个人全部的热情和汗水；只有拥有一身过人的本领，才能赢得大家的尊重！

小小设计师

四月的清晨，阳光明媚，空气清新，我漫步于春芽楼、夏苗楼间，耳边书声琅琅，心中满是欢喜。

回想十年前建校时，广场还未竣工，校园里坑坑洼洼、一片泥泞，没有大门，也没有操场，体育课只能在教学楼的长廊里凑合着上。如今的校园，宽敞洁净，绿树成荫，时时传来学生的欢声笑语，处处生机勃勃。时光如梭，郑东小学转眼就要迎来十岁生日了。

秋果楼楼下的小花园里，点点阳光透过高大而茂盛的枇杷树洒在了石头小路上。月季花已经开了，淡淡的粉，热烈的红，在风中轻轻地摇曳。“咦，石榴树上挂着什么？”走近了一看，原来是一张用淡绿色的卡纸制作的提示牌，上面稚嫩而工整地写着：“别折我，我怕疼，谢谢你！”旁边还画了一个可爱的笑脸。提示牌是过塑的，这样它就不怕风吹雨打了！真是有爱心又细心的孩子！

看到这张别致的提示牌，我忽然来了灵感：“孩子们有丰富的想象力，更有无限的创造力，为何不呼吁孩子们行动起来，为十年校庆设计和制作生日礼物呢？”

于是，我向全体“小小设计师”发出了邀请，鼓励所有学生积极参赛，动脑、动手为母校设计、制作十岁生日礼物，以各种有创意的艺术作品，来尽情表达对母校的感恩之情和美好祝福。

这一倡议得到了家长和学生的积极响应。他们主动走访学校领导，了解学校的发展历史，登陆网站查阅相关资料，向美术老师虚心请教……

短短两周，经过班级初选，我们收到了书画、泥塑、剪纸、十字绣、篆刻、彩绘风筝、纸扎灯笼等近百件优秀艺术作品。这些作品主题鲜明，色彩明快，线条流畅，做工精致，富有朝气蓬勃的时代感，从不同侧面表达了学生对母校的深情厚谊。

最终，经过中队委、家长和教师代表的精心挑选，其中9件作品脱颖而出，荣获本次大赛的特等奖，与其他获奖作品同时在校庆期间集中展示。

下面挑选几件作品，与大家分享。

张乾宇同学的手工沙盘模型——《我的美丽校园》。该作品是用橡皮泥、彩纸、泡沫、颜料等材料制成的，立体展现了郑东小学的正门、标志性楼宇和操场，以及插有国旗的广场。他还特意在校园的周围种了10棵绿意盎然的参天大树，寓意是建校十年，教书育人桃李满天下；教学楼前的红色条幅上赫然写着“生日快乐”几个大字，表达了学生对母校的真诚祝福！

牛菁薇同学的手工作品——《同一所学校，同一个梦想》。该作品是用铁丝和彩色卡纸等材料制成的。三色铁丝编成的球体象征着地球，黄色代表大地，绿色代表森林，蓝色代表湖泊和海洋。其中正在读书、玩耍的孩子，几处盛开的鲜花，象征着母校培养的优秀人才已遍及全世界，以此祝福学校的未来更加美好！

周忻茹同学的绘画作品——献给母校的十年校庆节徽。该作品以彩带、凤凰为主要元素，构成了数字“10”，寓意学校十年辉煌的办学历程。其中，飘舞的彩带表达了热烈、欢庆的意蕴，烘托了校庆气氛；腾飞的凤凰变幻成数字“0”，与校歌《校徽上有只金色的凤凰》相呼应，象征学校不断发展、腾飞与壮大，寓意蒸蒸日上、蓬勃发展；红色、橘色、黄色三种温暖的亮色，象征着太阳般的炽热，代表学校的未来充满了希望！此节徽被选用为本届六一嘉年华暨建校十年盛典活动的主题标志。

我们班学生集体创作的三层巨型蛋糕——“十年校庆蛋糕航空母舰”。最下面一层是鲜艳的粉红底色，约有两平方米那么大，上面摆满了服饰各异、姿态万千的芭比娃娃，还有很多色彩艳丽的泥塑版画，象征着母校是学生幸福生活的童话世界。中间一层是纯净的蓝色，上面摆满了色彩艳丽的魔术盒、小蛋糕，象征着母校是学生安静学习、专心探究的智慧园。最上面一层是亮丽的黄色，象征着母校的未来无比灿烂，上面摆满了用橡皮泥制作的鲜花，中间插着鲜红的“10”数字蜡烛，祝福学校生日快乐。

…………

感谢这些富有想象力和创造力的“小小设计师”，慷慨地送给学校令我们如此震撼的惊喜，让郑东小学的十年校庆如此多姿多彩！

赴一场春天的约会

四月的植物园美不胜收。瞧，一株株小草迫不及待地钻出泥土，伸伸胳膊伸伸腿，尽情呼吸着清新的空气。树枝静静地抽出了鲜嫩的绿芽，像一个个可爱的娃娃在枝头翘首张望。花骨朵儿悄悄地躲藏在花丛中，如含羞的姑娘静待绽放，惹得学生不时赞叹：

“快看，彩色的花！花蕊是绿色的，花瓣是橙色的和黄色的。”

“这是太阳花。瞧，那儿还有一大片呢！”

“快来桃树下合影啦!”

…………

参观热带植物展馆的时候，学生用心观察，还特别留意木牌上面的文字介绍，详细了解自己感兴趣的热带植物。

吴佳桐兴奋地告诉大家：“沙漠植物室有许多奇形怪状的仙人柱和仙人掌，有的像高高的柱子；有的像一把大扇子；有的全身都是金黄色的，长着尖尖的刺；有的有很多心形的绿色叶片，肉肉的，可爱极了!”

“我喜欢啤酒树，它的肚子像一个啤酒桶那么大，真是太好玩了!”

“我最喜欢蒲葵，它的叶子可以做蒲扇，叶柄还可以做牙签呢!”

草地上，几个学生躺下来聊天，点点阳光透过层层绿叶洒在他们的身上，一切都显得那么美好。

一群不知疲倦的学生在大树下玩起了“逐球千里”的游戏。抽到相同颜色塑料管的学生为一组，站成一排，依次用手中的塑料管一个接一个地传送白色的小球，哪个小组传送得最快为赢。比赛开始了，他们个个紧张而专注，相互配合着接球、传球。当小球调皮地滚落到地上跳跃时，他们既懊恼但又不服输地立即捡起，继续传球；当小球乖巧地顺利向前传时，他们便欢快地跑到队尾做好下一轮的接球准备。一时间，呐喊声、惊叫声和喝彩声此起彼伏。

草丛中的水管裂缝中喷出一道道水花，几个“小调皮蛋”“咯咯”地笑着冲了过去，敏捷地左右躲闪着那些水花。不一会儿，他们的头上、脸上和身上都挂满了水珠，但灿烂的笑容里洋溢着无尽的喜悦。

“老师，这里的金鱼可有趣了!”听到黄宁宁的召唤，大家连忙跑到了小河边。

啊！很多条小鱼正忙着抢鱼食呢。宁宁说：“一开始，我撒下一把鱼食，它们还很警惕，都不敢吃。过了一会儿，那条身上带黑花的金鱼游过来吃了一口，后面的鱼才敢纷纷跟上来。后来，我只要一扔鱼食，就有机灵的小鱼张开嘴巴立刻把鱼食吞下去，从别处游过来的鱼也越来越多，太有趣了！您说，它们是用什么传递消息的?”

“问题提得好！请大家通过书籍、网络好好查查。我期待着大家的答案！”我抓住机会鼓励他们进行探究。

最美不过四月天，到处生机盎然。带领学生走出校园，来到大自然的课堂里，赴一场春天的约会，散散步，打打滚儿，撒撒欢儿，赏赏景，拍拍照，吟吟诗，唱唱歌，抖擞抖擞精神，长长见识……每个学生都睁大了好奇的眼睛，主动观察，虚心请教，愉悦交流，教学相长，其乐融融。

每年秋季，我校各年级学生也会分批到各大公园、景区赏景郊游。四年级至六年级学生轮流到太行大峡谷综合实践教育基地参加拓展学习，有扎染、版画、体能拓展训练和游山等实践活动。这些实践活动课程为学生接触自然、认识世界打开了一扇窗，为学生学会交往、接受挑战搭建了成长的平台，为学生快乐学习、幸福生活注入了旺盛的生命活力。

“我们是最棒的”展示会

学期末，各班都要召开全体家长会，总结班级活动情况，汇报学生的各科考试成绩，表彰各类优秀学生，布置假期实践活动，提醒假期安全注意事项等。自然是有人欢喜有人愁。如果孩子考得好，得到了老师的点名表扬，领到奖状，这些家长就很骄傲。如果孩子成绩一般或不好，没有突出表现，这些家长就会如坐针毡，恨不得找个地缝钻进去，往往家长会一结束，就一溜烟似的走了。有的家长如果事先知道孩子考得不理想，当天就找理由请假不来了。

每次准备期末家长会，我总是累得够呛。学生期末考试后，需要立即忙着集中改卷，年级组内流水作业，评分，打等级，互相审核，上报数据，做试卷分析，然后将学生的成绩登记到成长手册上，前后至少需要两天的时间。其间，还要见缝插针完成总结中队活动、制作课件、填写优秀学生奖状、准备家长会发言稿、布置教室等任务。这几天，我每天的工作状态都是“白加黑”。

但是，为何出力不讨好呢？我开始反思以下问题：家长来学校最想看到什么？最想听到什么？谁应该站在期末家长会的正中央？开家长会的目的是什么？

深刻地思考之后，我豁然开朗：展示学生一个学期以来的成长状态才是最重要的，激发学生更加积极地健康成长才是最重要的。

这次，我不再主持期末家长会，而要鼓励学生隆重召开“我们是最棒的”展示会！

期末考试后的三天，就是学生精心准备的时间。

布置教室。外墙展板上，要张贴每个学生的作品，写字、绘画、手抄报、摄影均可。室内墙壁上，悬挂获得“优秀”称号的学生试卷。请注意，这些优秀试卷评选的标准是卷面整洁、平整，书写认真，订正规范。考试分数不是评选标准。窗台上，摆满学生养的绿植、做的手工作品。黑板上，“‘我们是最棒的’展示会”几个大字赫然醒目。此外，学生要将这学期的书法、绘画等活页作业一一装订成册，设计好封面，连同语文、数学和英语课本，平平整整地摆放在自己的课桌上，迎接家长的检阅。

节目排练。每个学生都要精心准备一出现场表演的拿手戏。例如，我的朗诵水平最高，我一分钟跳绳最多，我口算最快，我玩魔方最牛，我说绕口令最溜，我跳舞最好，我最有爱心，我最讲卫生，等等。可单独表演，也可与同学合作，但一定要展示出自己的与众不同之处。

活动组织。从中队活动总结、课件制作与播放，到引导家长参观、展示活动的主持，一律由中队干部带领学生分工完成。我不提最高要求，学生只要尽力完成就好。

每人一句。这是最后一项内容，要求每个参会人员都讲一句话。可以表达感谢，可以分享经验，可以赞美榜样，可以对自己提出新目标，可以对别人提出希望；可以站起来说给大家听，也可以写到留言墙上。只要充满正能量，都是好的。

这样一改，活动的效果别提多棒了！每个学生都有展示的机会，在准备、参与和展示中收获了成就感，在体验、观摩的过程中看到了榜样，对未来的成长充满了憧憬和信心。所有的家长都以欣赏的目光、喜悦的心情和神圣的责任感看着这些学生，仿佛看到了一棵棵生机勃勃的小苗正在茁壮地拔节，向上，再向上。这是最美丽的风景。

假期调研员

今年暑假，我们依然没有留传统的书面作业，而是继续鼓励学生积极参与社会调查与实践活动——了解某公园的绿植情况，并说说自己的发现。“去公园做调研?”学生兴奋得眉开眼笑，“这项任务有意思，我喜欢!”

苗旭阳的家就在人民公园附近。放假第二天的清晨，苗旭阳就和爸爸开始行动了——爸爸负责拍照，苗旭阳负责登记绿植的名称和种类，晚上更新调查报告，努力做到种类齐全、信息完整、图文并茂。人民公园的花草树木繁多，再加上天气炎热，两人每天都累得筋疲力尽，但苗旭阳依然兴致很高。这样的调查持续了将近一个月，苗旭阳在爸爸的帮助下，终于完成了这项庞大的调研任务，捧着厚厚的调研报告，看着密密麻麻的统计数据，心里无比满足!

有调查就有发言权。在新学期报告会上，苗旭阳非常自信地汇报了自己的调研成果：“在爸爸的帮助下，我调查了人民公园的绿植情况。这里的绿化配置以苍松翠柏为主，乔、灌、花、草搭配栽植。疏林绿植有雪松、香樟、无患子、枫香、桂花等树种，花木主要有樱花、海棠、连翘、海桐等，树下大片的宿根、球根花卉组成了缀花草地，还有易成活的白刺花、黄荆，好看且富有乡土气息。因为花木繁多，园内处处清新凉爽，赏心悦目，是夏天人们乘凉的好地方。”

其他学生也收获不小，信心满满地一一上台汇报：

“我调查的是我家附近街心公园的绿植情况。我发现这里虽小，树木的品种却很多。一开始有很多树木我都叫不上名字，通过询问园里的花工爷爷，我又上网查找了相关资料，发现树木原来如此有趣：悬铃木树皮光滑，又高又直；银杏树有独特的扇形树叶；木棉树会开出一树红红的花朵；枇杷树则能结出密密实实的枇杷果……给大家推荐一款识别花木的神器——‘花伴侣’。下载这个软件安装到手机上，你用它对着花一拍，它就会立刻显示花的名称和习性，识别的准确率可高了。”

“运河河畔的小公园里绿植覆盖率很高，到处都是娇艳的花朵和茂盛的树木，特别是那一大片一大片绿油油的草坪，美极了！但我发现一些小草被人踩死了，有的地方还露出了光秃秃的地面，一些人随手丢垃圾，宠物随地大小便……这样的做法都不对。我倡议：人人珍爱绿植，保持公园的美丽!”

…………

学生有了切身的体会，才能有如此深刻的感受！社会实践作业，既让学生真正感兴趣，又能增长知识、锻炼能力，真是不错的选择!

2016 年整个冬天，我们的城市都被雾霾笼罩，到处灰蒙蒙的。只有了解雾霾，才能战胜雾霾！因此，这个寒假学生的任务是完成一份关于雾霾的调研报告，一起来研究雾霾这个令人讨厌的“魔鬼”。具体要求是检测一定时间段内的空气质量，了解雾霾天气，并写下自己的感受和改善雾霾天气的具体建议。

王梓涵一口气监测了春节前后 26 天的空气质量情况，并制作了表格，及时记录每天的数据。他在调研报告中写道：“一到冬天，郑州的空气质量就非常差。空气质量好的时候，透过阳台玻璃向外看去，我能够看到蓝色的天、高高的楼、密密的树和川流不息的车……可重度污染时，除了一片灰蒙蒙，什么都看不见，这样的天气让我感到特别压抑和恐惧。”

陈哲用相机拍摄了寒假每一天的天空，并在他的调研报告中这样写道：“我很好奇雾霾天气到底是如何形成的。经过调查，我知道了主要是以下几种原因造成的：一是灰尘，二是汽车尾气的排放，三是工厂产生的二次污染。妈妈还找来了有关雾霾的动画视频，我看了以后才知道：PM 2.5会随着我们呼吸进入肺泡、血管，最后甚至会进入心脏，导致生命危险！太可怕了！”

朱怡凡还在调研报告中发出了倡议：“少开一天车，多植一棵树。从我们身边的点点滴滴做起！经过讨论，我和妈妈决定以后上学、放学不再开车，而是骑自行车，这样既锻炼身体，又保护环境。我的新年愿望是，今年春天我要种下一棵小树，让我们的世界更加美好！”

我逐一拜读了学生的每一篇调研报告，被他们严谨的实践态度、自觉的环保意识和真诚的社会责任感所打动。只要全民行动起来，清新的空气、蓝天和白云就一定能重新回到我们身边。

从学校的课堂学习走入真正的生活，学习课本之外的知识，锻炼自我观察、分析与综合概括的能力，假期调研员俨然已经成为学生最爱的角色！

一路行走，一路收获

2015 年，我和两位老师带着三十几个学生来到了美丽的宝岛台湾，开启了一场别样的教育体验之旅。飞登 101 大楼，游览日月潭，到康桥国际学校体验学习，风景怡人，活动充实。更让我欣慰不已的是团里的这些学生，他们来自我校的不同校区，在这次旅行中表现出来的个人素养和集体意识让我和另外两位老师非常骄傲，让家长们非常满意。

之前每次带学生外出游学，老师们都感觉身心疲惫。因为学生多，老师们责任大，时时处处都很小心：每到一处都要清点人数，不时查看所带物品，收发和保管护照、签证等等，事无巨细，事必躬亲，一刻也不敢松懈。两周下来，老师们累得头疼上火，学生们的感觉也不过是走走看看、吃吃玩玩、拍拍照片、买点纪念品而已。如此休闲而奢侈的“折腾”，游学的意义何在？

怎样让学生在旅行中得到成长呢？我们决定从这次游学活动的每一个细节开始。

出发前，我们根据在台湾的每日行程精心制作了游学见闻纪实本，人手一册，并声明：这次活动是一次有任务的游学活动，每天都要将自己的所见、所感、所学认真记录下来；随队老师每日要组织检查与评比；返校后，学校要评选出本次活动的优秀队员，进行隆重表彰。

为了树立一个优良团队的形象，我们提前商定了集体行动公约：一切行动听指挥，不私自活动，有困难找组长和老师帮助；每天身着校服，做到整洁、得体；乘车、参观和就餐时保持安静，自觉排队，不乱扔垃圾；坚持每晚洗澡，保持个人物品的清洁整齐，认真完成每日见闻整理，21点准时关手机休息；精心准备三件事，即精彩的自我介绍，一份能体现自己心意的、有特色小礼物，一个自己最拿手、可以分享给台湾学伴的游戏。

一册在手，公约在先，所有学生立即明确了本次活动的任务和具体要求，个个表现出严肃认真的态度。

机场大巴即将开动，我们提醒所有的学生靠近车窗，主动向送行的家长告别。一次挥手，一声再见，短短几分钟的仪式里，学生知道了要感谢父母给予自己游学的机会，要告诉家长会好好照顾自己，会平平安安地回来。感情需要表达，感恩需要行动，一举一动，温暖人心。

在去机场的大巴上，我们将全团师生平均分成了三个小组，并组织大家推荐出会关心人、善于沟通协调的学生做小组长，负责组织与服务工作。每逢考勤、排队、就餐、晚寝等情况，一律以小组为单位活动。

旅途中最能体现一个人的文明素养。一路上，我欣喜地看到学生的自理能力很强，自觉性非常高，许多方面都做得非常好。

在机场，大家分组依次办理行李托运和安检手续，非常有礼貌地向工作人员问好、致谢；学生一起研究机票信息，第一时间找到了登机口；小组长俨然一个个小老师，收发证件认真细致，核对无误后及时汇报。我第一次感到了带队的轻松和欣慰。

就餐时，学生安静乖巧，偶尔个别人说话声音大了，其他同学赶快提醒："嘘——"我和一群男孩子围坐在一桌，顿时有了一家之长的义务："出门在外，多吃水果蔬菜；每天喝汤，身体健康。"小组长马上为大家分菜盛汤。"一家人"其乐融融。

有个学生的手擦伤了，她的室友端水送药，细心照顾，体贴入微。

学生良好的言谈举止，关爱他人的每一个细节，我看在眼里，喜在心上。

每到一个景点，学生都难掩激动的心情、强烈的好奇心，迫切地去探寻未知的领域。

"老师，日月潭是怎么形成的?"

"导游叔叔，101 大楼的电梯为什么这么快呀?"

…………

学生的问题就像连珠炮，一个接着一个。

"不懂的问题，百度一下!"老师们幽默地答道。

学生立即心领神会，开始仔细地阅读景点介绍，用心地听着导游的解说。

晚上回到宾馆后，他们端坐在书桌前，认真地把一天的所见所闻记录下来，还得意地说："有了游学见闻纪实本，我们都成'台湾通'了!"

儿行千里母担忧。为了让家长放心，我们建立了家长微信群，每天及时将团队活动和学生表现情况发布给家长。晚上，老师们走进学生的房间，将学生整理内务、见闻整理情况一一记录下来，并将最美房间的图片和优秀见闻作品在群里公示。家长每天晚上都很期待这一刻，盼望自己的孩子能有"上镜"露脸的机会。

此时，赏识教育和即时评价再次发生了巨大的推动作用，这一做法极大地调动了学生认真做事的积极性。学生个个表现得很乖巧，很懂事。

在游学活动发布会上，我们的许多团队代表主动到主席台前发表感言："感谢康桥国际学校的校长、老师和同学们，感谢你们的热情招待和无微不至的关心和帮助!""这几天，我最大的收获是认识了三个台湾的新朋友。欢迎大家到大陆观光旅游，我给大家做导游。”康桥国际学校的校长由衷地竖起大拇指说：“你们的孩子善于表达，而且彬彬有礼，实在可贵。”

我们返校时，家长手捧鲜花和花环来迎接我们，纷纷夸赞：“没想到我家姑娘出门后还能把床铺整理得那么平整!”“儿子的游学见闻写得那么认真，每天如此，收获不小啊!”“孩子们不仅领略了美景，还长了本事!”……

读万卷书，行万里路。一路行走，一路收获。短短八天里，学生在欣赏美景的过程中认识了新的世界，在生活细节方面提升了修养，在体验活动中收获了友谊，在游学中丰富了成长经历。

后 记

我一直为自己庆幸：有幸主持孙广杰校长倡导的自主教育实验研究，有幸成为2015—2020年中原名师培育对象，有幸入选培育工程教育写作培训班，有幸成为闫学老师和张文质老师的学员，有幸被列入中原名师第一批次出版计划……

郑东小学建校之初，孙广杰校长高瞻远瞩，为其战略发展定好位：探索自主教育，鼓励学生自主成长。经过十年来的实践与探究，自主教育让郑东小学以先进的办学理念、卓越的师资力量和突出的办学成果跻身全国有影响、省内一流的名校行列。伴随着学校的健康、稳步发展，我在践行教育思想方面也积累了丰富的实践经验，成长为中原名师、河南省名校长、河南省徐艳霞小学语文名师工作室主持人、教育部首批领航班孙广杰名校长工作室成员。因此，这本书的诞生，得益于孙广杰校长的专业引领，归功于课题组老师们的集体智慧。

我在整理书稿的过程中，得到了闫学老师和张文质老师耐心细致的指导。从写作框架的拟定到文稿的起草与修订，从每一章核心主旨的确定、教育故事表达风格的定位到每篇文章的题目推敲与内容表述，从如何选择鲜活的案例到如何抓住细节生动讲述有价值的教育故事，他们五次面对面赐教于我。感谢闫学老师赠予了这本书一个如此温暖的名字——“孩子，你自己来”。这是一个富有教育情怀、令人感动的好书名，使我回忆起一个个陪伴孩子自主成长的美好故事。闫老师无数次的微信留言和异地电话沟通，都饱含热情、真诚的鼓励，给了我无穷的信心和力量。感谢张文质老师从生命教育的高度启发我去研究儿童，尊重儿童的天性，理解每一个生命都正在努力地成长。写这本书的过程，是我学习教育写作的成长过程，也是我发现儿童生命成长的过程，其中收获颇多，受益匪浅。

两位导师的“超人精神”，感召着我为了这本书顽强地拼了一把。他们在繁忙的工作之余，坚持为全国的老师们在线培训，举办主题讲座，推出重磅新书。“名师出高徒”，我不算“高徒”，但有“高徒”的学习态度：一定要克服种种困难，用心完成书稿，不辜负大家的支持和厚望。从接到任务后，我每天保持思考和写作状态。我要用自己的努力和坚持，在实际行动上向导师看齐，绽放出自己的美丽。

令我特别高兴的是，我身边有一支强大的团队一直在默默地支持着我。在拟定写作框架、文章题目和主要内容时，冯杰展、高志恒、王蕊、周爱梅、席倩等工作室成员，朱永娜、殷玉丽、刘晓露、李倩、李欣婷、宛亚美等班主任，以及刘笑非、许薇倩、陈书云等老师也参与到写作中来，和我一起学习和分享教育写作方面的经验，搜集学生自主成长过程中的点点滴滴，给我提建议，与我谈思路，给了我许多启发。在拟定初稿、反复修订文稿的过程中，我们经常组织一些写作交流会，一起探讨初稿和定稿之间的变化，进一步规范语言、简洁叙事、突出主题、流畅表达。许多成员深有感触地对我说：“在写书的过程中，您在虚心学习、坚持写作和严谨治学等方面为我们树立了榜样。从这一层面上说，您是我们的导师。”因此，谨以此书，献给所有参与教育写作的同伴们，献给为儿童教育奉献智慧和汗水的老师们，由衷地感谢大家给予我的无私帮助。

需要特别说明的是，本书中的大多数故事源于郑东小学的校园生活，但也有一些提升或精简，其中涉及的学生和老师的姓名均采用化名。

由于时间仓促，水平有限，很多故事情节、想要阐述的观点还有待推敲，一些教育方式可能还过于浅薄。敬请大家提出宝贵意见，以帮助我继续修订完善。

徐艳霞

2018 年 1 月 2 日于郑州